红色印迹

——安溪县革命遗址及新建纪念设施

中共安溪县委党史和地方志研究室 编

海峡出版发行集团 | 海峡文艺出版社

图书在版编目(CIP)数据

红色印迹:安溪县革命遗址及新建纪念设施/中共安溪县委党史和地方志研究室编. —福州:海峡文艺出版社,2023.8
ISBN 978-7-5550-3340-0

Ⅰ.①红… Ⅱ.①中… Ⅲ.革命纪念地—介绍—安溪县 Ⅳ.①K928.725.74

中国国家版本馆 CIP 数据核字(2023)第 078953 号

红色印迹
——安溪县革命遗址及新建纪念设施

中共安溪县委党史和地方志研究室　编

出 版 人　林　滨
责任编辑　蓝铃松
出版发行　海峡文艺出版社
经　　销　福建新华发行(集团)有限责任公司
社　　址　福州市东水路 76 号 14 层
发 行 部　0591—87536797
印　　刷　福州力人彩印有限公司
厂　　址　福州市晋安区新店镇健康村西庄 580 号 9 栋一、二层
开　　本　889 毫米×1194 毫米　1/16
字　　数　300 千字
印　　张　14.25
版　　次　2023 年 8 月第 1 版
印　　次　2023 年 8 月第 1 次印刷
书　　号　ISBN 978-7-5550-3340-0
定　　价　128.00 元

如发现印装质量问题,请寄承印厂调换

前　言

　　革命遗址是中国革命斗争历史的缩影，是传承红色文化的重要载体，是红色资源的主要组成部分。习近平总书记多次强调"红色资源是我们党艰辛而辉煌奋斗历程的见证，是最宝贵的精神财富""红色血脉是中国共产党政治本色的集中体现，是新时代中国共产党人的精神力量源泉"。

　　安溪是著名的革命老区县，被视同为原中央苏区县，在新民主主义革命时期，谱写了光辉的历史篇章。在安溪这片红色热土上，留下众多红色印迹。如：土地革命战争时期中共安溪中心县委旧址中新厝、安南永德苏维埃政府旧址陈氏祖厝、中国工农红军闽南游击队第二支队命名地贞洋祖厝、青云楼事件旧址；抗日战争时期《延安颂》词作者莫耶旧居、中共龙门支部成立旧址、"白皮红心"政权所在地龙榜镇政府旧址；解放战争时期中共安溪中心县委、安溪县人民民主政府和"八支四团"机关驻地，安溪人民游击队成立旧址，暗坑岭伏击战地点，中共安溪中心县委军政干部学校旧址等革命遗址。这一个个革命遗址，流传着陈凤伍、傅有智、郭节、陈体、林师柴、叶文霸、林水芸等革命英烈和蔡协民、许依华、许包野、尹利东、方毅、彭德清、莫耶、张克辉等革命先辈的战斗故事，也见证了安溪波澜壮阔的光辉革命史。

　　《红色印迹——安溪县革命遗址及新建纪念设施》一书是2021年安溪县进行红色资源普查成果的汇编，具有存史、资政、育人的社会功能和时代价值，是服务党史学习教育常态化长效化的生动教材。

　　不忘来时路，方能行更远。在改革开放和社会主义现代化建设的新时代，保护好、管理好、运用好红色资源，传承好红色基因，责任重大，意义深远，将为安溪全面建设具有茶乡特色的现代化中等城市提供强大的精神动力和力量源泉。

中共安溪县委党史和地方志研究室

2023年6月

目　录

第一章

革命遗址（旧址、遗迹）

◎ 凤城镇

中共安溪中心县委军政干部训练班旧址——安溪文庙

中共安溪中心县委军政干部训练班旧址安溪文庙位于安溪县凤城镇大同路东侧。

抗日战争时期，集美学校内迁安溪，就在安溪文庙办校，闽中党组织在此建立中共集美学校支部。1949年5月10日安溪县城解放后，中共安溪中心县委决定开办军政干部训练班，培养军政干部。5月14日，第一期军政干部训练班在安溪文庙开学。训练班由蔡重明、丁连征、王平负责。从各地奔赴游击区的90多名学生党团员和进步青年集中在此进行政治学习和军事训练。后由于时局变化，训练班迁入安溪县长坑福春继续开办。

安溪文庙占地面积9495平方米，保护面积1.5万平方米。始建于宋咸平四年（1001），绍兴十二年（1142）迁于今址，现存建筑为清初重建，整个结构为宫殿式建筑，富丽堂皇。

安溪文庙于1985年10月被福建省人民政府公布为福建省第二批文物保护单位。1985年10月，被安溪县人民政府公布为安溪县第一批文物保护单位。1997年5月，被中共泉州市委、市政府公布为泉州市第二批爱国主义教育基地。2006年6月，被国务院公布为第六

批全国重点文物保护单位。2021年5月，被中共泉州市委党史学习教育领导小组办公室公布为泉州市党史学习教育参观学习点。2021年6月，被泉州市委党史和地方志研究室公布为泉州市第三批党史教育基地。

中共安溪中心县委军政干部训练班旧址——安溪文庙

中共泉州中心县委在安溪设立的
交通站——洪氏住宅

　　中共泉州中心县委在安溪设立的交通站洪氏住宅位于安溪县凤城镇小东街。

　　1940年夏，中共泉州中心县委先后派洪遂明、侯如海、陈忠恒、李友梅等到安溪开展活动，建立中共党组织。1945年5月，以许集美为队长的挺进工作队（安溪县工委）进入安溪开展工作，在凤城洪氏住宅（洪遂明家）设立交通站，由陈白雪负责接待。

　　洪氏住宅占地面积210平方米，保护面积480平方米，因城区改建已拆除。

中共泉州中心县委在安溪设立的交通站——洪氏住宅

城厢游击队成立地点——谢文斗住宅

城厢游击队成立地点谢文斗住宅位于安溪县城厢镇砖文村。

1949年春，城厢后垵谢文斗、谢文最经与长坑王锦文联系后，在城厢地区组织游击队，近40人枪，队长谢文斗、谢文最。6月，中共安南边区工委在镇抚把长坑独立中队和城厢游击队合编为安南边区连队，有120多人，连长王聪明，副连长谢文斗、谢文最，指导员周天助。6月下旬，安南边区连队曾攻下南安华美乡公所。

谢文斗住宅占地面积380平方米，保护面积400平方米，2015年拆除。

城厢游击队成立地点——谢文斗住宅旧址

红二支队政委彭德清活动地点之———经岭仙洞寨

中国抗日义勇军西南军区闽南第二支队（习惯称红二支队）政委彭德清活动地点之一仙洞寨位于安溪县城厢镇经岭村，与南安接壤，山高势险。

1935年9月，在国民党第九师第二十六旅谢辅三的重兵"清剿"下，红二支队政委彭德清带领游击队员在安溪城关和南安金淘一带开展游击活动，并在经岭设立据点。

1935年11月，在"铲共义勇队"的疯狂围捕下，彭德清带领游击队伍来到安溪经岭隐蔽活动，以经岭村制高点仙洞寨为据点，组织群众，在寨上秘密训练，组建革命力量。1936年3—4月，"铲共义勇队"和县保安大队多次前来围捕。面对严峻的斗争形势，为保卫革命力量，彭德清在经岭召开会议，决定把队伍分3组撤往晋（江）、南（安）、同（安）。至此，红二支队在安南永德苏区的游击活动转入隐蔽。

经岭仙洞寨占地面积3580平方米，保护面积6080平方米。经岭仙洞寨于2020年11月被安溪县人民政府公布为安溪县第九批文物保护单位。2021年3月，被福建省文物局公布为福建省第一批革命文物。

红二支队政委彭德清活动地点之一——经岭仙洞寨

截击国民党省保安二团战斗遗址——经兜口

截击国民党省保安二团战斗遗址经兜口位于安溪县城厢镇经兜村。经兜村是全国美丽宜居示范村、全国乡村治理示范村、福建省党史学习教育参观学习点、福建省乡村振兴示范村。

1949年五六月间，中共安溪中心县委率领"八支四团"解放了闽南六县后，国民党省保安二团再度占据安溪、永春和漳平等县。为牵制敌军主力、配合南下大军作战，"八支四团"依靠根据地的广大腹地，不断袭扰敌军，歼灭敌军的有生力量。1949年6月，张克辉率安南同游击队在城厢经兜口伏击国民党省保安二团一交通船，活捉敌营长陈忠育等9人，缴获一批军用物资。

截击省保安第二团战斗遗址位于晋江西溪畔，占地面积200平方米，保护面积2000平方米，现为初心公园入口。

2021年6月，截击国民党省保安二团战斗遗址被泉州市委党史和地方志研究室公布为泉州市第三批党史教育基地。

截击国民党省保安二团战斗遗址——经兜口

墩坂支部活动地点——广惠宫

墩坂支部活动地点广惠宫位于城厢镇墩坂村。

广惠宫是墩坂党支部重要活动地，闽西南地下游击队曾在此会师研究作战计划。

广惠宫占地面积320平方米，保护面积320平方米。

中共闽西南地下游击队在墩坂广惠宫会师研究消灭伪卧军 1949.7

墩坂支部活动地点——广惠宫

安南同游击队活动地点——田隙渡

安南同游击队活动地点田隙渡位于城厢镇玉田村。

1949年5月下旬至6月上旬，安南同游击大队及翔云、英都游击中队，先后成功地在田隙渡口、经兜口、园尾渡等地截击敌船3艘，国民党县长丘思串狼狈逃窜。游击队缴获敌"围剿"安南同游击根据地书面计划一份，电话总机一部，军用物资一批。

安南同游击队活动地点——田隙渡

中共坪殊支部成立旧址——赤石厝

中共坪殊支部成立旧址赤石厝位于安溪县参内镇镇中村。

1945年5月，中共泉州中心县委组成以许集美为队长（书记），由郑种植、施能鹤组成的挺进工作队（安溪县工委）进入安溪，在县城与洪遂明取得联系，在洪遂明家设立交通站，为开展安溪的工作打下了基础。1946年夏，中共泉州中心县委派李淑英在安南边区镇抚一带开展党的组织活动。9月，发展王朝阳、王水法、王万里3人入党，在赤石厝建立中共坪殊支部，书记王朝阳。镇抚坪殊后来成为闽中团队开展游击斗争的主要据点之一。

赤石厝是王朝阳旧居，为闽南传统大厝，原为土木石结构，2012年翻建，现为石砖瓦混合结构，占地面积300平方米，保护面积500平方米。

赤石厝于2013年9月被安溪县人民政府公布为安溪县第七批文物保护单位。2012年9月，被安溪县委党史室公布为安溪县第二批党史教育基地。2021年3月，被福建省文物局公布为福建省第一批革命文物。

011

第一章 革命遗址（旧址、遗迹）

中共坪殊支部成立旧址——赤石厝

彭德清指挥战斗遗址之一——冬青巷

彭德清指挥战斗遗址之一冬青巷位于安溪县参内镇罗内村。

1935 年冬至 1936 年春，红二支队政委彭德清率领部分队员在南安金淘和安溪的城厢、参内一带开展游击活动。1936 年 3 月 24 日，彭德清在罗内冬青巷召开农民会议，重新建立健全罗内农会组织。会议进行中遭到郭港带领的"铲共义勇队"和县保安大队的包围。彭德清指挥红二支队与敌进行战斗，组织会议人员突围。在突围战斗中游击队员和干部牺牲 4 人，被捕 7 人。后彭德清率部转移至金淘区。

冬青巷占地面积 4850 平方米，纳入沈海高速公路复线建设范围（金安高速公路），已拆除。

彭德清指挥战斗遗址之一——冬青巷

闽南工农游击队第二支队成立旧址——佛仔格土楼

闽南工农游击队第二支队（简称第二支队）成立旧址佛仔格土楼位于安溪县魁斗镇佛仔格村。

1930 年秋，安溪就以金谷镇东洋、溪榜、洋中、深洋、美洋村和魁斗镇佛仔格村的农民武装为主体，建立了安溪游击队，队长李世全，副队长陈体，队员 11 人，有长短枪 4 支和刀具数把。安溪游击队和永春游击队一起成为安南永游击武装的基础。

为加快开辟安（溪）南（安）永（春）德（化）苏区，1932 年 3 月，中共福建省委、省苏维埃政府和中共厦门中心市委调陈凤伍、庄毓英等大批军事干部到安溪负责游击队工作，于 4 月初对安溪游击队进行整编，并在魁斗镇佛仔格土楼成立闽南工农游击队第二支队，支队长陈凤伍，党代表庄毓英。第二支队在斗争中不断发展壮大，1933 年 5 月 1 日正式改称中国工农红军闽南游击队第二支队，是当时闽南地区一支重要的武装力量。

佛仔格土楼系闽南大厝式建筑，十开间，土木石混合结构，两边有护厝，因年久失修，现已部分损毁。占地面积 300 平方米，保护面积 500 平方米。

013

闽南工农游击队第二支队成立旧址——佛仔格土楼

中国工农红军闽南游击队第二支队命名地点、中共安溪中心县委扩大会议地点——贞洋祖厝

中国工农红军闽南游击队第二支队（简称红二支队）命名地点、中共安溪中心县委扩大会议地点贞洋祖厝位于安溪县魁斗镇贞洋村。

1933年，在中共安溪中心县委领导下，安南永德革命斗争迅猛发展，闽南工农游击队第二支队不断壮大，游击区域不断扩大并连成一片。5月1日，中共安溪中心县委在贞洋祖厝举行第二支队成立一周年庆祝大会，正式把第二支队改称为中国工农红军闽南游击队第二支队。5月2日，中共安溪中心县委又在贞洋祖厝召开扩大会议。会议经过3天的讨论，提出迅速完成"建设安、南、永、德新苏区的伟大工程"，作出了政治任务、农民运动等11个决议案，成立了中共安溪中心县委军事委员会。中心县委扩大会议的召开，有力地促进了安南永德苏区的创建进程。

贞洋祖厝又名易氏祖厝，是一处清代古建筑，土木砖混合结构，悬山式屋顶，燕尾脊，黑瓦，一进三开间带双护厝，共有15个房间，占地面积500平方米，保护面积1500平方米。

贞洋祖厝于2003年6月被安溪县人民政府公布为安溪县第六批文物保护单位。2011年12月，被安溪县委党史室公布为安溪县第一批党史教育基地。2021年3月，被福建省文物局公布为福建省第一批革命文物。2021年6月，被泉州市委党史和地方志研究室公布为泉州市第三批党史教育基地。

中国工农红军闽南游击队第二支队命名地点、中心县委扩大会议地点——贞洋祖厝

中共安溪中心县委旧址、郭节烈士旧居——中新厝

中共安溪中心县委旧址、郭节烈士旧居中新厝位于安溪县魁斗镇佛仔格村佛仔格角落。

土地革命战争时期，佛仔格是安南永德红色革命根据地的中心，在中新厝先后成立中共佛仔格支部、中共安南永德临时县委。1930年秋，以安溪县金谷镇东洋、溪榜、洋中、深洋、美洋村和魁斗镇佛仔格村农民武装为主体，建立了安溪游击队，队长李世全、副队长陈体、队员11人，有长短枪4支和刀具数把。安溪游击队与永春游击队一起成为安南永游击武装的基础。1931年12月，中共厦门中心市委派李南金到佛仔格与郭节联系后，在佛仔格召开会议，传达了中共厦门中心市委关于在安南永三县边界建立游击区的决定。1932年3月，中共福建省委、福建省苏维埃政府和中共厦门中心市委调军事干部陈凤伍和庄毓英（后叛变）到安溪负责游击队工作。4月初，对安溪游击队进行整编，成立闽南工农游击队第二支队，支队长陈凤伍（化名雷震动），党代表庄毓英（化名陈一声）。第二支队成立后接连取得袭击国民党金谷公路局、攻打蓬莱烟苗局、镇压著匪和反动地痞、围攻蓬莱区公所等一系列胜利，极大地鼓舞了人民群众。

1932年11月，为把安南永德革命根据地连成一片，中共安溪县委在佛仔格中新厝召开干部会议，根据上级指示，将中共安溪县委升格为中共安溪中心县委，统一领导安南永德的革命斗争。在中心县委的领导下，安南永德的革命斗争得到极大发展，并于1933年8月在金谷东溪成立安南永德苏维埃政府，1934年春进行土改分田，在配合中央苏区的反"围剿"斗争和中央红军的长征中作出了重大贡献。

中新厝为闽南传统古大厝，系清朝建筑，土木砖结构，十开间，两边有护厝。内设有展馆，占地面积550平方米，保护面积3000平方米。

中新厝于1985年10月被安溪县人民政府公布为安溪县第一批文物保护单位。2010年9月，被中共福建省委党史研究室公布为福建省第二批党史教育基地。2021年3月，被福建省文物局公布为福建省第一批革命文物。2021年5月，被中共泉州市委党史学习教育领导小组办公室公布为泉州市党史学习教育参观学习点。2021年6月，被泉州市委党史和地方志研究室公布为泉州市第三批党史教育基地。2021年7月，被安溪县委党史和地方志研究室公布为安溪县"四史"学习教育实践基地。

中共安溪中心县委旧址、郭节烈士旧居——中新厝

红军小学校旧址

红军小学校旧址位于安溪县魁斗镇佛仔格村吕厝垅角落。

土地革命战争时期，安南永德 4 县人民在党的领导下，形成了以魁斗佛仔格为中心的红色区域。在佛仔格，1932 年 4 月，成立了闽南工农游击队第二支队，1932 年 11 月，成立中共安溪中心县委。佛仔格成为当时该地区党政军领导人活动的中心，红军小学校是当年中心县委领导人活动地点及中国工农红军闽南游击队第二支队队员子女就学所在地。

红军小学校旧址为闽南传统大厝式建筑，土木石结构，占地面积 300 平方米，保护面积 500 平方米。

红军小学校旧址于 2021 年 3 月被福建省文物局公布为福建省第一批革命文物。

红军小学校旧址

贞洋大捷遗址——贞洋寨仔尖

　　贞洋大捷遗址贞洋寨仔尖位于安溪县魁斗镇贞洋村。

　　贞洋村位于安溪东部，与南安的高田毗邻，土地革命战争时期是中国工农红军闽南游击队第二支队的主要根据地之一。1934年春，贞洋村进行土改分田，使农民成了土地的真正主人。1934年7月中旬，正值早稻成熟季节，安溪县保安第二中队谢辑熙部窜扰贞洋，企图破坏贞洋农民的夏收。为保护群众夏收的顺利进行，巩固土改分田成果，26日凌晨，中国工农红军闽南游击队第二支队支队长尹利东率400多名队员，兵分3路，向贞洋进军。经数小时激战，打死敌排长、班长及士兵9名，打伤敌人10余名，缴获枪支20多支，重新夺回了贞洋根据地，保卫了农民夏收的顺利进行和土改分田的胜利果实。

　　贞洋寨仔尖地势险要，易守难攻，占地面积2.7万平方米。

贞洋大捷遗址——贞洋寨仔尖

吕厝垅会议遗址——红军洞

吕厝垅会议遗址红军洞位于安溪县魁斗镇佛仔格村吕厝垅角落。

1934 年前后，蒋介石调集大批国民党军队对中央苏区进行第五次"围剿"。1934 年 2 月，为配合中央红军的反"围剿"斗争，中共厦门中心市委派方毅到安溪，在吕厝垅山上的一个山洞里召开中共安溪中心县委会议，传达中央关于第五次反"围剿"的指示精神，要求安南永德苏区军民要主动出击，配合中央红军反"围剿"斗争。会后，中心县委和中国工农红军闽南游击队第二支队立即根据中央的要求，深入发动农民打土豪、分粮食，积极动员群众开展"五抗"斗争，广泛组织

吕厝垅会议遗址现状

宣传队和农民自卫军，在广大乡村进行土改分田等各项斗争，使安南永德苏区进入全盛时期。安南永德苏区军民的斗争，抗击和牵制了国民党大量兵力，成为第五次反"围剿"时期中央苏区东南战略防线上的一块前哨阵地。该山洞后来被称为红军洞。

吕厝垅会议遗址由巨石自然堆积而成，现杂草丛生，难以接近。占地面积 500 平方米，保护面积 1500 平方米。

吕厝垅会议遗址

官桥区革命委员会旧址——登虎榜傅氏祠堂

官桥区革命委员会旧址登虎榜傅氏祠堂位于安溪县蓬莱镇登山村。

1933 年，在中共安溪中心县委的领导下，安（溪）南（安）永（春）德（化）地区人民深入开展游击斗争，打击土豪地霸，消灭敌人武装。在建立区、乡农会、妇女会的基础上，成立了县农会、妇女会。为争取创立新苏区的胜利，中共安溪中心县委于 1933 年 8 月 24 日在群众基础较好、

登虎榜傅氏祠堂内庭

地势险要的蓬莱登虎榜，召开 1000 多人参加的官桥区工农兵代表大会，宣布成立官桥区革命委员会（苏维埃政府），选举傅有智为苏维埃政府主席，傅金器为副主席，革命委员会机关驻地为登虎榜傅氏祠堂。官桥区革命委员会是安南永德苏区成立的第一个区级苏维埃政权。

傅氏祠堂为闽南传统大厝，土木砖结构，内设展馆。占地面积 280 平方米，保护面积 1500 平方米。

傅氏祠堂于 2011 年 12 月被安溪县委党史室公布为安溪县第一批党史教育基地。2013 年 9 月，被安溪县人民政府公布为安溪县第七批文物保护单位。2021 年 3 月，被福建省文物局公布为福建省第一批革命文物。

官桥区革命委员会旧址——登虎榜傅氏祠堂

中国工农红军闽南游击队第二支队驻地之一——登虎榜关帝庙

陈凤伍在关帝庙墙壁题写的诗句

中国工农红军闽南游击队第二支队驻地之一登虎榜关帝庙位于安溪县蓬莱镇登山村。

登虎榜关帝庙是中共安溪中心县委和中国工农红军闽南游击队第二支队的常驻地之一。在与敌人进行的艰苦斗争中，中心县委、红二支队领导人李剑光、陈凤伍、李实、蔡协民、粘文华、翁成金等都曾在这里开展革命活动。中国工农红军闽南游击队第二支队支队长陈凤伍在关帝庙大厅墙壁上挥毫题写的诗句"瘴气乌烟染世界，热血扫平净光明"至今仍清晰可见。

登虎榜关帝庙系寺庙建筑，由青石砌成，两层楼高，屋脊塑有飞龙。近年重修时，门前加两根龙柱和两座狮子石雕，龙柱上加1个台。占地面积300平方米，保护面积1200平方米。

登虎榜关帝庙于1996年12月被安溪县人民政府公布为安溪县第五批文物保护单位。2021年6月，被泉州市委党史和地方志研究室公布为泉州市第三批党史教育基地。

中国工农红军闽南游击队第二支队驻地之一——登虎榜关帝庙

蓬莱起义遗址——新丰土楼

　　蓬莱起义（亦称蓬莱暴动）遗址新丰土楼位于今安溪县蓬莱镇政府机关大院。

　　1932年8月1日，中共安溪县委组织领导由闽南工农游击队第二支队、赤卫队、农会会员组成的共1000多名起义人员，手持钢枪、鸟铳、柴刀、扁担等分3路攻打国民党蓬莱区公所新丰土楼，沿途没收了反动民团长商店里的货物分给当地民众。攻打新丰土楼的战斗进行了近3个小时，后因驻县城、湖头的国民党军队支援，起义队伍未能攻克土楼，后主动撤出战斗，迅速转移，史称蓬莱起义。中共安溪县委领导的蓬莱起义沉重地打击了盘踞在安溪的国民党地主豪绅反动势力，有力地推动了安南永德地区的革命斗争。

　　新丰土楼四周用大石头垒成，内部是土木结构，现已改建为蓬莱镇政府办公楼，占地面积500平方米，保护面积860平方米。

蓬莱起义遗址——新丰土楼（今蓬莱镇政府机关大院）

闽南工农游击队第二支队击毙民团副官旧址——上智炮楼

闽南工农游击队第二支队击毙民团副官旧址上智炮楼位于安溪县蓬莱镇上智村。

1932年8月14日，湖头民团副官胡乃贵回到家中，闽南工农游击队第二支队支队长陈凤伍闻讯后，率第二支队夜袭该炮楼，当场击毙胡乃贵。此后，第二支队将该炮楼作为主要驻地之一，并以此为据点，积极开展蓬莱龙居、温泉和尚卿中兴等地的革命斗争。

上智炮楼由大厝楼加两旁两层护厝楼组成，土木结构，占地面积380平方米，保护面积550平方米。

蓬莱上智炮楼

青云楼事件旧址——温泉青云楼

青云楼事件旧址位于安溪县蓬莱镇温泉村青云楼。

1933 年，安南永德四县的革命斗争形势迅猛发展。8 月 25 日，成立了安南永德苏维埃政府，标志着安南永德苏区正式形成。苏区人民斗争的节节胜利，遭到国民党当局和地主、豪绅的极大敌视，他们妄图消灭中国工农红军闽南游击队第二支队，破坏新生的红色政权。因此，安溪的反动势力互相勾结，密谋策划。先是买通土匪头目王观兰，使之混进中国工农红军闽南游击队第二支队，骗取信任。由于中共安溪中心县委和中国工农红军闽南游击队第二支队领导的麻痹大意，轻信王观兰并到蓬莱温泉商谈消灭股匪李振芳，从而酿成了 9 月 8 日震惊八闽的安溪青云楼事件。中共安溪中心县委书记李实，中国工农红军闽南游击队第二支队政委陈凤伍、支队长李世全、副支队长黄福廷，官桥区苏维埃政府主席傅有智，以及军事骨干唐光华、李兴连、易三多、肖宝林、陈银、小马等 13 位同志不幸被捕入狱。最后除通讯员颜资谎称无知被释放外，其余都受尽非人的折磨，黄福廷等 5 位同志在刑架上壮烈牺牲，骆招全等 2 位同志绝食殉难，李实、陈凤伍、李世全、傅有智、唐光华等 5 位同志于 9 月 17 日在安溪县城凤冠山英勇就义。青云楼事件使安南永德革命力量遭受重大损失。

温泉青云楼系闽南大厝楼建筑，混合结构，占地面积 350 平方米，保护面积 600 平方米。1996 年 12 月，被安溪县人民政府公布为安溪县第五批文物保护单位。2011 年 12 月，被安溪县委党史室公布为安溪县第一批党史教育基地。2021 年 3 月，被福建省文物局公布为福建省第一批革命文物。2021 年 5 月，被中共泉州市委党史学习教育领导小组办公室公布为泉州市党史学习教育参观学习点。2021 年 6 月，被泉州市委党史和地方志研究室公布为泉州市第三批党史教育基地。

青云楼事件旧址——温泉青云楼

温泉青云楼内庭

岩山反击战遗址——蓬溪岩山

岩山反击战遗址蓬溪岩山位于安溪县蓬莱镇蓬溪村。

土地革命战争时期，岩山是中共安溪中心县委和中国工农红军闽南游击队第二支队的重要根据地之一。第五次反"围剿"期间，中共安溪中心县委根据中央关于第五次反"围剿"斗争的指示，迅速行动起来，主动出击，牵制敌人。1934年7月中旬，中国工农红军闽南游击队第二支队及官彭区委为进一步开展革命活动，壮大革命声势，由第二大队指导员冯业波带队，到蓬溪村击毙地头蛇、蓬莱区公所秘书。国民党安溪县当局闻讯后，调国民党军队和民团800多人分5路包围岩山，妄图消灭中国工农红军闽南游击队第二支队和官彭区委。中国工农红军闽南游击队第二支队奋起还击，击退敌人进攻，迫使敌军龟缩到蓬莱区公所新丰土楼。此次战役，击毙击伤敌人4人，而游击队无一伤亡。岩山反击战是第五次反"围剿"期间安南永德苏区发生的一次规模较大的战斗。

蓬溪岩山地处国家AAAA级旅游胜地清水岩西侧，占地面积1.5万平方米。

修缮前的岩山反击战遗址

修缮后的岩山反击战遗址

中共安溪县委公审大会地点——蓬莱溪仔埔

中共安溪县委公审大会地点蓬莱溪仔埔位于安溪县蓬莱镇蓬新村。

1932年9月1日，中共安溪县委、闽南工农游击队第二支队在这里召开群众大会，公审土匪连长苏山水。来自安溪的蓬莱、金谷、魁斗，南安的诗山、金淘等地农会会员、赤卫队员和干部1000多人参加了大会。大会历数了苏山水对人民犯下的累累罪行，并将其就地处决。随后又举行声势浩大的示威游行，游行队伍沿途高呼口号，时间长达4个小时，有力地震慑了当地的国民党反动武装。

蓬莱溪仔埔地处蓬莱溪畔，占地面积3000平方米。

中共安溪县委公审大会地点——蓬莱溪仔埔

中国工农红军闽南游击队第二支队驻地之一——清水岩寺旧址

中国工农红军闽南游击队第二支队驻地之一清水岩寺旧址位于安溪县蓬莱镇蓬溪村岩山东侧。

土地革命战争时期，蓬莱是安南永德苏区一块重要的红色区域，安南永德第一个区级苏维埃政权——官桥区革命委员会就在蓬莱登虎榜。土地改革分地分田主要在蓬莱院宅林、竹塔等地开展。地处红色区域中心的清水岩也成了中国工农红军闽南游击队第二支队的常驻地之一，支队长尹利东就在这里指挥了岩山反击战和芹山保卫战。

清水岩寺是佛教圣地，供奉的清水祖师在闽南及东南亚地区影响很大。建筑为寺庙风格，呈"帝"字形，别具一格，九十九间，砖土木结构。占地面积1500平方米，保护面积100万平方米。

清水岩寺于1985年10月被福建省人民政府公布为第二批省级文物保护单位。2002年，被评为国家AAAA级旅游区。2008年，被国务院公布为全国首批涉台文物工程之一。2013年，被国务院公布为第七批全国重点文物保护单位。2022年，经中共中央台办、国务院台办批准为"海峡两岸交流基地"。

中国工农红军闽南游击队第二支队驻地之一——清水岩寺旧址

芹山保卫战遗址——中芹村

芹山保卫战遗址位于安溪县蓬莱镇中芹村。

中芹村是土地革命战争时期中共官彭区委所在地，也是中国工农红军闽南游击队第二支队经常活动的地方。1934年10月，由于中央苏区第五次反"围剿"斗争失利，中央主力红军开始长征。进攻中央苏区的国民党军第九师第二十六旅谢辅三部从闽西调头向安南永德苏区疯狂进攻。从此，安南永德苏区与南方八省红军游击队一起，转入艰苦卓绝的三年游击战争。为拖住国民党福建部队主力，减轻中央苏区的军事压力，中共安溪中心县委和中国工农红军闽南游击队第二支队等苏区武装同数倍于己的敌人展开了殊死搏斗。1934年12月20日拂晓，敌中央军和地方武装800余人，分4路围攻中国工农红军闽南游击队第二支队驻地蓬莱芹山。中国工农红军闽南游击队第二支队奋起还击，第一大队首先在马鞍格同敌陈凤远部激战。随后，中国工农红军闽南游击队第二支队支队长尹利东率第二大队赶赴增援，从拂晓至下午四时先后击退敌人多次进攻，毙敌排长1人，士兵8人，伤敌30多人。

芹山保卫战是三年游击战争中安南永德苏区规模较大的一次战斗。

芹山保卫战遗址地处于岩山顶峰的延伸部，地势险要，占地面积185万平方米。现危房已拆除，地洞保存完整。

芹山保卫战遗址

土地革命战争时期土改分田乡村——竹塔、院宅林

　　土地革命战争时期土改分田乡村竹塔、院宅林位于安溪县蓬莱镇竹林村。

　　土地革命战争时期，安南永德四县人民在党的领导下，开辟了以安溪为中心的安南永德红色区域，1933 年 8 月正式成立安南永德苏维埃政府。1934 年春，根据土地革命战争的宗旨和中央土改分田的指示精神，中共安溪中心县委和安南永德苏维埃政府决定在条件成熟的云溪区的佛仔格、吕厝垅、凤（黄）山、贞洋、芸美、华芸，南安的山后红林、益岭以及官彭区的竹塔、院宅林等 19 个乡村首先进行土改分田试点，以取得经验，逐步推广。分田遵循以村为单位，在农民原耕地基础上，按远近好坏搭配、抽多补少、抽肥补瘦的原则进行分配。土改分田，使苏区农民第一次实现了"土地还家"的愿望，真正成为土地的主人，极大地调动了他们的革命积极性。

　　竹塔，占地面积 190 万平方米，院宅林，占地面积 180 万平方米。

土地革命战争时期土改分田乡村院宅林

土地革命战争时期土改分田乡村竹塔

中共安溪县委成立旧址——黄口小溪祖厝

中共安溪县委成立旧址黄口小溪祖厝位于安溪县金谷镇元口村。

小溪是安溪县金谷镇元口村的一个自然村。1932 年，随着斗争形势的发展，闽西苏区积极向闽南地区拓展。1932 年 4 月，毛泽东率领中央红军东路军攻克漳州，为闽南等地的革命斗争创造了极为有利的条件。为响应红军东路军攻克漳州，4 月底，中共厦门中心市委宣传部部长许依华、市委特派员许包野在黄口小溪祖厝召开党团会议，建立中共安溪县委，书记李剑光。下辖芸溪、湖头、彭区、官桥 4 个区委，同时管辖永春、达埔等游击区域。在中共安溪县委的领导下，安南永德的革命斗争得到迅速发展。1932 年 11 月，中共安溪县委升格为中共安溪中心县委。

黄口小溪祖厝为闽南古大厝式建筑，十开间，分为上下落，原为土木石结构，现上落已翻建成两层，为石砖混合结构。占地面积 450 平方米，保护面积 600 平方米。

黄口小溪祖厝于 2013 年 9 月被安溪县人民政府公布为安溪县第七批文物保护单位。2021 年 3 月，被福建省文物局公布为福建省第一批革命文物。

中共安溪县委成立旧址——黄口小溪祖厝

031

黄口区赤卫队成立大会地点——黄口小溪埔

　　黄口区赤卫队成立大会地点黄口小溪埔位于安溪县金谷镇元口村，占地面积 3500 平方米。

　　1932 年 6 月底，中共安溪县委在黄口小溪埔召开黄口区赤卫队成立大会，赤卫队员 1000 多人接受检阅。

黄口区赤卫队成立大会地点——黄口小溪埔

中共安溪中心县委军政干部训练班旧址——黄口内山祖厝

中共安溪中心县委军政干部训练班旧址黄口内山祖厝位于安溪县金谷镇丽山村。

1932 年 11 月，中共安溪中心县委成立后，安南永德四县的革命斗争迅猛发展。1933 年初，为培养党的军事干部、政治干部，中共安溪中心县委决定在黄口区内山祖厝开办军政干部训练班，分期分批培训军政干部，李晓山为训练班负责人。

黄口内山祖厝为闽南大厝风格建筑，占地面积 300 平方米，保护面积 540 平方米。

中共安溪中心县委军政干部训练班旧址于 2022 年 11 月被泉州市委党史和地方志研究室公布为泉州市第四批党史教育基地。

修缮前的黄口内山祖厝

修缮后的黄口内山祖厝

第一章 革命遗址（旧址、遗迹）

安南永德苏维埃政府旧址——东溪睏牛祖厝

安南永德苏维埃政府旧址东溪睏牛祖厝位于安溪县金谷镇溪榜村。

土地革命战争时期，东溪（今金谷镇东洋、深洋、洋中、美洋、溪榜5个村）是中共安溪中心县委和中国工农红军闽南游击队第二支队重要活动地。1933年8月25日，中共安溪中心县委在东溪召开安（溪）南（安）永（春）德（化）工农兵代表、中共安溪中心县委、中国工农红军闽南游击队第二支队领导成员等500多人参加的大会，宣布成立安南永德苏维埃政府，选举李剑光为苏维埃政府主席，陈仲琪为副主席。苏维埃政府下设土地部、财政部、军事部、肃反部、粮食部、文化部、妇女部等机构，机关驻地设在睏牛祖厝。这是安南永德苏区军民在中国共产党领导下创建人民政权的伟大实践和丰硕成果。它的成立，标志着安南永德红色苏区正式形成。1933年8月后，这里也是中共安溪中心县委、中国工农红军闽南游击队第二支队的机关旧址。

东溪睏牛祖厝（又名陈氏祖厝）占地面积300平方米，保护面积2450平方米，为清朝骑廊式建筑，具有东西方结合的建筑风格。室内现展出安南永德苏维埃政府历史陈列展。

东溪睏牛祖厝于1985年10月被安溪县人民政府公布为安溪县第一批文物保护单位。2010年9月，被中共福建省委党史研究室公布为福建省党史教育基地。2019年，被泉州市委宣传部公布为泉州市爱国主义教育基地。2020年11月，被福建省人民政府公布为福建省第十批文物保护单位。2021年3月，被福建省文物局公布为福建省第一批革命文物。2021年5月，被中共泉州市委党史学习教育领导小组办公室公布为泉州市党史学习教育参观学习点。2021年6月，被泉州市委党史和地方志研究室公布为泉州市第三批党史教育基地。2021年7月，被安溪县委党史和地方志研究室公布为安溪县"四史"学习教育实践基地。2021年9月，被福建省委党史学习教育领导小组办公室公布为福建省第三批党史学习教育参观学习点。同时还是福建省老区革命遗址、福建省离退休干部党员传承红色基因教育基地等。

安南永德苏维埃政府旧址——东溪睏牛祖厝

东溪睏牛祖厝室内展厅

第一章 革命遗址（旧址、遗迹）

莫耶旧居

莫耶

莫耶旧居位于安溪县金谷镇溪榜村。

莫耶（1918—1986年），女，原名陈淑媛，笔名陈白冰、椰子、沙岛，福建安溪人。1932年，随父到厦门，就读于鼓浪屿慈勤女中。翌年底，和几位同学在厦门创办《火星》旬刊。

1934年秋，她前往上海，历任《女子月刊》杂志社校对、编辑、主编。1936年11月到翌年5月从上海回溪榜村，组织创办妇女识字班，有学员50多名。全面抗战爆发后，积极投身抗日救亡和救济难民运动，与戏剧作家左明组织了上海救亡演剧第五队。1937年10月，上海救亡演剧第五队摆脱国民党特务的盯梢和纠缠，顺利到达延安，成为从沦陷区及大后方到延安的第一个文艺团体。随即入抗日军政大学第三期学习，从此更名莫耶。1938年春进入鲁迅艺术学院戏剧系第一期学习，夏转读文学系。其间与音乐系同学郑律成一起创作了响彻大江南北的歌曲《延安颂》，并在延安礼堂为毛泽东等中央领导献演，获得肯定和称赞。后随贺龙率领的八路军第一二〇师奔赴华北抗日前线，任政治部战斗剧社创作组组长，先后创作出《到八路军里去》《百团大战》等许多宣传抗日救国的革命文艺作品，被贺龙元帅誉为"我们一二〇师出色的女作家"。1950年，任西北军区《人民军队报》主编、总编，同年加入中国共产党。1955年，转业到《甘肃日报》社任副总编辑。此后，在"反右"扩大化、"四清"运动、"文革"等历次运动中，被错划为右派，受到不公正的批判斗争，1979年彻底平反。1986年5月在兰州解放军医院病逝。

莫耶旧居，原名逸楼，又名晚香别墅，始建于1907年，是莫耶的出生地。为二层的西式建筑，楼前有一方池塘，结构严整，布局合理。占地面积230平方米，保护面积770平方米。

莫耶旧居于1996年12月被安溪县人民政府公布为安溪县第五批文物保护单位。2012年9月，被安溪县委党史研究室公布为安溪县第二批党史教育基地。2019年，被泉州市委宣传部公布为泉州市爱国主义教育基地。2021年3月，被福建省文物局公布为福建省第一批革命文物。2021年5月，被中共泉州市委党史学习教育领导小组办公室公布为泉州市党史学习教育参观学习点。2021年6月，被泉州市委党史和地方志研究室公布为泉州市第三批党史教育基地。

莫耶旧居室内展厅

莫耶旧居

安南永德苏维埃政府成立大会地点——东溪晒谷坪

安南永德苏维埃政府成立大会地点东溪晒谷坪位于安溪县金谷镇溪榜村。

1933年8月25日，安南永德四县工农兵代表、中共安溪中心县委和中国工农红军闽南游击队第二支队领导成员500多人，在东溪晒谷坪隆重集会，庄严宣告成立安南永德苏维埃政府。大会选举出苏维埃政府主席李剑光，副主席陈仲琪。大会公审了当地的大地霸、议事会头目，并将从大地霸手中没收的500余担粮食和部分财物分发给贫困农民，极大地调动了广大人民群众的斗争积极性。

东溪晒谷坪占地面积1700平方米，原址现为供销社用地。

安南永德苏维埃政府成立大会地点——东溪晒谷坪

"八支四团"攻打省保安第二团地点——湖头慈山

　　"八支四团"攻打省保安第二团战斗地点湖头慈山位于安溪县湖头镇湖一村。

　　1949年7月10日，中共安溪中心县委和"八支四团"团部组织第一营的第十一、十二连和第三营的第十七连共600多人，攻打驻湖头的省保安第二团一个营。经过两天战斗，把敌人包围在湖头镇湖一村慈山这座孤立的小山上。第三天，敌省保安第二团派援兵乔装农民赶集，进行反包围。"八支四团"由于人员受困，指挥失当，造成战斗失利，牺牲9人，伤15人。

　　湖头慈山现址为慈山学校教育用房。

"八支四团"攻打省保安第二团地点——湖头慈山

白濑事件遗址——白濑山林

白濑事件遗址白濑山林位于安溪县白濑乡白濑村。

1934 年 10 月，中央主力红军开始长征，安南永德苏区转入艰苦卓绝的三年游击战争。1935 年 1 月，国民党中央军第九师第二十六旅谢辅三部进驻安南永德地区，重兵围攻红色区域。他们采取"三分军事，七分政治"的阴险手段，一方面在军事上进行"围剿"，一方面网罗叛徒，从队伍内部分化瓦解革命力量，使安南永德苏区党组织遭受严重破坏，武装力量被冲散，大批共产党员和革命群众惨遭屠杀。面对越来越严峻的斗争形势，10 月间，中心县委常委、红二支队支队长尹利东在金谷元口召集杨七、刘由、刘秀芳等人商讨对策。会议同意派人向厦门中心市委汇报情况，等候市委指示。决定本地同志分散活动坚持斗争，外地同志因语言不通容易暴露，撤往厦门找市委安排。会议同时确定由杨七负责党的工作，刘由负责军事工作。当晚，尹利东等 5 位外省籍同志离开安溪前往厦门。11 月 1 日，杨七、刘由带领杨芬等 11 人转移到白濑山林中隐蔽，隐蔽期间与党组织失去联系。12 月 23 日，叛徒勾结当地土匪将疾病中的刘由杀害，杨七等人把收藏的枪支交出，向敌人投降。此为白濑事件。至此，安南永德革命斗争暂时陷入低潮，革命中心逐渐向晋南沿海地区转移。

白濑山林山势较高，森林茂密，现有部分山地已被开垦种植茶叶。

"八支四团"十三连与保二团
激战地点——大埔"师留居"

中国人民解放军闽粤赣边纵队第八支队第四团（简称"八支四团"）十三连与保二团激战地点大埔"师留居"位于安溪县剑斗镇剑斗村大埔。

1949年5—6月，安溪、永春、德化、大田、漳平、宁洋等县解放，震动了国民党当局。他们从厦门调新五军到安溪，配合省保二团对安永德大漳游击区进行"围剿"。1949年7月初，新五军奉令组织的千人挺进支队进犯长坑。是时，"八支四团"十三连奉令在剑斗收缴武器，遭遇敌保二团袭击，退至剑斗大埔"师留居"，利用"师留居"的围墙英勇地与敌人战斗三昼夜。由于"八支四团"团部不能派兵救援，十三连在弹尽粮绝情况下，集体被俘。后一些战士先后逃脱，"八支四团"团部则以释放俘获的保二团第一营营长朱家齐的小妾，换回指导员张志勤。

"师留居"系土木结构建筑，为防土匪，建成双墙体，墙厚40多厘米，占地面积220平方米，保护面积220平方米。

大埔"师留居"

041

安漳华工作队驻地旧址——湖洲堂

安漳华工作队驻地旧址湖洲堂位于安溪县桃舟乡桃舟村中洋角落。

为建立安永德大漳游击根据地，开展漳平县的革命工作，1949 年 3 月，中共安漳华区工委成立，而后立即派员进入潘桃乡，驻桃舟村湖洲堂，组织潘桃乡武装抗征队，并深入到漳平县象湖乡开展工作。潘桃乡抗征队参加了 4 月底围攻进犯长坑的县自卫大队，部分队员参加组建了安溪人民游击大队。而象湖乡工作的开展，为 5 月开辟漳平县溪南、党泰、卢芝、新桥 4 个区的革命工作打下了基础。

湖洲堂占地面积 360 平方米，保护面积 500 平方米。

安漳华工作队驻地旧址——湖洲堂

桃舟革命活动地点之一——陈春侨厝

桃舟革命活动地点之一陈春侨厝位于安溪县桃舟乡桃舟村。

1947 年 2 月，中共泉州中心县委为在潘桃、多卿、感德开辟游击根据地，调坪殊王朝阳、王万里进驻桃舟，以长工身份住在陈春侨厝，开展革命工作，秘密组织群众，购买枪支弹药，准备武装暴动。后因形势变化，两人奉命调回安南边区工作。

陈春侨厝占地面积 260 平方米，保护面积 550 平方米。

桃舟革命活动地点之一——陈春侨厝

安溪人民游击队成立旧址——虞森土楼（又名白石牛心楼）

安溪人民游击队成立旧址虞森土楼位于安溪县福田乡白桃村。

1949年3月，中共泉厦临工委决定建立一支游击武装队伍，即选调安南同边区和内安溪各乡的武装抗征队骨干30多人，集中于虞森土楼进行军事、政治训练，组建安溪人民游击队，队长郑坚，政治指导员王浩（前）、黄永华（后）。中共安溪中心县委主要领导人陈华、张连、王新整等在此为游击队员授课。参加过虞森土楼训练的游击队干部，后来都成为中国人民解放军闽粤赣边纵队第八支队第四团的骨干，为解放安溪、永春、德化、大田、漳平、宁洋6县作出了重大贡献。

虞森土楼地处安溪、漳平两县交界处，始建于明代，是一座由村民集资兴建、以防兵祸匪患的土楼，土石木结构。占地面积200平方米，保护面积350平方米。

虞森土楼于2011年12月被安溪县委党史室公布为安溪县第一批党史教育基地。2013年9月，被安溪县人民政府公布为安溪县第七批文物保护单位。2021年3月，被福建省文物局公布为福建省第一批革命文物。2021年6月，被泉州市委党史和地方志研究室公布为泉州市第三批党史教育基地。

安溪人民游击队成立旧址——虞森土楼

地下革命活动据点——源远土楼旧址

地下革命活动据点源远土楼旧址位于安溪县长卿镇南斗村东方木山麓。

1929 年春，崇德中学因匪乱迁到源远土楼上课。1934 年春，中共党员李纯青和积极分子林师柴应聘到崇德中学任教，开展地下革命活动。他们以教师公开身份，进行秘密活动，计划利用当地民军的内部矛盾，策动吴某率部起义。后因民军爆发混战，学校无法上课。李纯青返回厦门找党组织，林师柴回家乡龙门开展革命活动。三年游击战争时期，林师柴任中共安南同特支书记，1935 年 10 月被国民党杀害。李纯青在中华人民共和国成立后，历任第一届全国人大代表，第二、四、五、六、七届全国政协常委、台盟中央副主席。

革命先驱手绘地图

源远土楼建于康熙年间，呈正方体，三层建筑，计 82 间。高 13 米，下宽上窄，外墙灰白色，屋顶是砖瓦结构，墙基为石头砌成。整座土楼只有一个大门，正大门刻着"源远"两个大字。占地面积 1210 平方米，保护面积 1580 平方米。

源远土楼于 2017 年 11 月被安溪县人民政府公布为安溪县第八批文物保护单位。2021 年 3 月，被福建省文物局公布为福建省第一批革命文物。

地下革命活动据点——源远土楼旧址

中共长坑支部成立遗址——乔兴居

中共长坑支部成立遗址乔兴居位于安溪县长卿镇山格村苍前角落。

1946年12月，中共安南永工委书记施能鹤到安溪长坑开展党的活动，在乔兴居成立中共长坑支部，王锦文任书记，有党员8人。1947年3月前后，为筹备武装，准备发动游击战争，施能鹤又到长坑主持召开会议，决定以桃舟乡为据点，在内安溪一带开展革命斗争，并调王朝阳、王万里到长坑，化装成长工，住进乔兴居，秘密开展地下革命活动。后2人又转移到桃舟乡，继续秘密开展地下革命活动，时间持续一年多，因形势变化和工作需要，才调回安南永边区工作。

乔兴居为闽南大厝式建筑，上下两进，十开间，土木石结构。占地面积450平方米，保护面积550平方米。

中共长坑支部成立遗址——乔兴居

解放战争时期中共安溪（临时）中心县委成立旧址——明湖堂

解放战争时期中共安溪（临时）中心县委成立旧址明湖堂位于安溪县长卿镇玉湖村中堀。

1949年1月，中共泉厦临工委派王新整进入内安溪开展活动，与王江岚等进步人士取得联系，着手准备成立中共安溪中心县委。2月13日，王新整等在明湖堂召开内安溪40多名进步人士参加的会议，为中心县委成立做进一步准备。

4月18日，中共安溪（临时）中心县委（1949年5月，经中共闽南地委批准正式成立中共安溪中心县委）在明湖堂成立，取代泉厦临工委，陈华任书记，张连任副书记，王新整、叶森玉、蔡重明为常委，领导安永德大漳等县工委，继续开展革命活动。

明湖堂系原中国人民解放军闽粤赣边纵队第八支队第四团第一副团长王江岚旧居，为闽南大厝式建筑，二进，十开间，土木石结构。占地面积326平方米，保护面积420平方米。

明湖堂于2013年9月被安溪县人民政府公布为安溪县第七批文物保护单位。2011年12月，被安溪县委党史室公布为安溪县第一批党史教育基地。2021年3月，被福建省文物局公布为福建省第一批革命文物。

解放战争时期中共安溪（临时）中心县委成立
旧址——明湖堂

中共安溪中心县委、安溪县人民民主政府和"八支四团"

机关驻地——崇德中学旧址

中共安溪中心县委、安溪县人民民主政府和"八支四团"（即中国人民解放军闽粤赣边纵队第八支队第四团）机关旧址位于安溪县长卿镇崇德中学内。

1949年5月10日，安溪县城解放。14日，安溪县人民民主政府成立。国民党福建省政府紧急从厦门、泉州、龙岩等地调集军队进行反扑，为保存革命力量，中共安溪中心县委党政干部和训练班在游击队掩护下迅速转移到长坑，在崇德中学设立党政军总部。在此指挥领导游击队和"八支四团"作战，取得了连续攻克永春、大田、德化、漳平、宁洋等县城的胜利，为南下大军顺利解放福建全境作出了重要的贡献。

崇德中学旧址

崇德中学旧址占地面积 172 平方米，保护面积 400 平方米，原为二进四合院式，悬山屋顶，土木石结构。2015 年按原样修复，内设有展馆。

　　崇德中学旧址于 1985 年 10 月被安溪县人民政府公布为安溪县第一批文物保护单位。1997 年 11 月，被中共安溪县委、安溪县人民政府公布为安溪县爱国主义教育基地。2011 年 3 月，被中共泉州市委党史研究室公布为泉州市党史教育基地。2012 年 11 月，被中共福建省委党史研究室公布为福建省党史教育基地。2021 年 3 月，被福建省文物局公布为福建省第一批革命文物。2022 年 6 月，被确定为福建省离退休干部党员传承红色基因教育基地。

中共安溪中心县委、安溪县人民民主政府和"八支四团"机关驻地——崇德中学旧址

第一章　革命遗址（旧址、遗迹）

闽南人民报社遗址——绵远堂

闽南人民报社遗址绵远堂位于安溪县长卿镇福春村西岭角落。

1949 年 5 月 10 日，安溪县城解放。14 日，中共安溪中心县委派人接管了国民党县政府的印刷厂，成立闽南人民报社，着手筹办出版《解放快报》。5 月 16 日，国民党省保安二团袭击安溪县城，报社人员随党政干部一起转移到长坑，于 5 月底进驻福春，在绵远堂继续开办闽南人民报社，朱汝安为社长，林风为总编辑，朱振民任总务主任。期间，闽南人民报社出版发行《解放快报》33 期，并出版发行《翻身》《学习小丛书》《解放小丛书》等刊物。9 月 11 日，出版社根据中共安溪中心县委通知又迁回县城。

绵远堂为闽南大厝式建筑，砖木混合结构。上落大厅上挂着一块木牌，上面写着"中共安溪中心县委出版社"。占地面积 400 平方米，保护面积 500 平方米。

闽南人民报社遗址于 2013 年 9 月被安溪县人民政府公布为安溪县第七批文物保护单位。2021 年 3 月，被福建省文物局公布为福建省第一批革命文物。

出版社牌匾

闽南人民报社遗址——绵远堂

中共安溪中心县委军政干部学校旧址——官光厚旧居

中共安溪中心县委军政干部学校旧址官光厚旧居位于安溪县长卿镇福春村下塘角落。

1928年，官光厚捐资13万元，在其旧居创办崇阿小学。1949年5月底，中共安溪中心县委在崇阿小学开办军政干部训练班，后改为军政干部学校，王新整任校长；永春设有分校。主要培训新参加游击区工作的大专以下的青年，学习革命理论和有关的方针政策，并进行基本军事训练。训练班和军政干部学校共开班6期，先后培训军政干部近300名。这些干部被分配到各游击队，成为"八支四团"骨干。

官光厚旧居为闽南传统古大厝，土木石结构，十开间，三进，左右两旁的护厝与后进相连成同字形建筑。占地面积1200平方米，保护面积2000平方米。

第一章 革命遗址（旧址、遗迹）

中共安溪中心县委军政干部学校旧址——官光厚旧居

干训班学员铺设的石桥——"七一桥"

　　干训班学员铺设的石桥"七一桥"位于安溪县长卿镇福春村。

　　1949年5月底，"八支四团"军政干部训练班由长坑总部转移到福春村，在村小学坚持办学。学习课程有：为人民服务的革命人生观和新民主主义革命理论及有关政策，游击战争的战略战术及游击队伍的政治思想工作，基本军事训练等。每期训练时间半个月至20天。训练班学员边学习边与村里的民兵、干部、积极分子，在福春村铺设一石桥，因在7月1日完工，故称"七一桥"。

　　"七一桥"占地面积80平方米，保护面积450平方米。

七一桥现状

当年干训班学员铺设的"七一桥"

解放长坑重大战斗遗址——长坑圩旧街

解放长坑重大战斗遗址长坑圩旧街位于安溪县长卿镇长坑村。

解放战争后期，由于游击区的党组织和武装力量在长坑不断壮大，引起了敌人的严重不安。1949年4月14日，国民党安溪自卫队200多人在自卫队大队长李敬慎（又名李昭言）的带领下进犯长坑，"围剿"共产党和游击队。中共安溪中心县委于4月下旬召开军事会议，研究了制敌对策。27日，张连、王江岚和杨玉霜等分别率领游击队和抗征队计1000多人，兵分两路，向长坑圩挺进，包围长坑书院、乡公所、警察所三个据点，毙敌2人。在强大的军事压力和政治攻势下，30日李敬慎在长坑书院率部投诚，长坑得以解放。5月1日，中共安溪中心县委在长坑召开群众大会，成立安溪人民游击大队，大队长李敬慎。同日下午，在长坑广场召开庆祝大会。

长坑圩旧街现基本保存原状，街面为条块石头铺设而成，两边为古民房。占地面积2800平方米，保护面积3000平方米。

解放长坑重大战斗遗址——长坑圩旧街

安溪县自卫大队队长李敬慎率部投诚起义地点——崇德书院

安溪县自卫大队队长李敬慎率部投诚起义地点崇德书院位于安溪县长卿镇镇政府内一古建筑。

1949年4月14日，国民党安溪县自卫大队大队长李敬慎率一个中队和一个独立分队200多人进犯长坑。4月27日，张连、王江岚和陈华、杨玉霜分别率领游击队和抗征队计1000多人，包围驻长坑李敬慎部的书院、土楼（镇公所）、警察所3个据点，激战三昼夜，毙敌2人。在强大的军事压力和政治攻势下，30日，李敬慎率部投诚起义。5月1日，中共安溪中心县委在长坑召开群众大会，成立安溪人民游击大队，根据党对投诚起义人员的政策，任命李敬慎为大队长。

崇德书院内院正面

崇德书院建于明代，距今已有400多年历史。为闽南大厝式建筑，土木结构，三进庭院，呈半圆形整体，风格独特，建筑精巧，是安溪县仅存的古代书院。占地面积800平方米，保护面积1000平方米。1988年12月，被安溪县人民政府公布为安溪县第二批文物保护单位。

安溪县自卫大队队长李敬慎率部投诚起义地点——崇德书院

监宫桥头战斗遗址——峰前居小土楼

监宫桥头战斗遗址峰前居小土楼，位于安溪县长卿镇南斗村监宫桥头公路下。

1949 年 7 月 5 日，国民党新五军 700 多人向长坑进犯，在进入南斗时，遭到埋伏在监宫桥头峰前居小土楼和西金厝的中国人民解放军闽粤赣边纵队第八支第四团第十一连两个班 20 多名战士的截击。在激战中，十一连战士陈才德英勇牺牲，还有民众被打伤打死，峰前居和西金厝化为灰烬。

峰前居小土楼系早年南斗村石牌的陈绳狮所建，闽南古大厝式建筑，左边有护厝，土木石结构，在新中国成立后重新修建，占地面积 87 平方米，保护面积 110 平方米。西金厝至今仍是一块空地。

峰前居小土楼

大平双溪重大战斗遗址——春美楼

　　大平双溪重大战斗遗址位于安溪县长卿镇文坪村双溪角落。

　　解放战争后期，安溪长坑是中共安溪中心县委和中国人民解放军闽粤赣边纵队第八支队第四团队总部所在地。1949 年 7 月 5 日，国民党新五军 700 多人向长坑进犯，"围剿"安溪中心县委和"八支四团"。在监宫桥头战斗的第二天（即 1949 年 7 月 6 日），"八支四团"第十一连埋伏在春美楼里，截击国民党新五军，严重挫败了敌人的嚣张气焰。7 月 7 日，敌军告败撤退。战斗中击毙国民党军连长 1 人，击毙击伤士兵 12 人，我军牺牲 1 人，多位支援的民众被打死打伤。

　　春美楼为闽南大厝式建筑，三进，两边护厝，二层建筑，土木石结构，左边炮楼已翻盖成新式楼房。占地面积 680 平方米，保护面积 750 平方米。

春美楼内庭

大平双溪重大战斗遗址——春美楼

蓝田伏击战遗址——暗坑岭

蓝田伏击战遗址暗坑岭位于安溪县蓝田乡益岭村。

1949年4月14日，国民党安溪县政府为"清剿"共产党和游击队，由县自卫大队大队长李敬慎（李昭言）率一个中队和一个独立分队共200多人取道尚卿进犯长坑。在蓝田开展抗租工作的地下党组织负责人陈源获讯后，组织徐德明、林进法的蓝田抗征队在益岭暗坑岭进行伏击。途经暗坑岭的李敬慎遭到突然袭击，差点丧命，迫使自卫大队折回尚卿。在伏击战中，抗征队员李有情、林春喜牺牲。蓝田抗征队的伏击战，揭开了解放安溪等闽南六县武装斗争的序幕。

暗坑岭地处安溪尚卿乡通往长卿镇的必经之地。占地面积1.65万平方米。

蓝田伏击战遗址于2021年6月被泉州市委党史和地方志研究室公布为泉州市第三批党史教育基地。

蓝田伏击战遗址——暗坑岭

武装解放西洋镇遗址——西洋镇公所

武装解放西洋镇遗址西洋镇公所位于安溪县西坪镇西坪村。

1949年春，安溪党组织调一批党员、干部进入长康（包括今长卿、感德、桃舟、蓝田、祥华等地）、西洋（西坪镇）等地，组织训练游击队和抗征队，发动群众抗"三征"，引起了敌人的严重不安。4月14日，国民党安溪县自卫大队大队长李敬慎率200多人进犯长坑，进行清乡。中共安溪中心县委召开军事会议，研究对策，决定采取迂回包抄战术。23日，王新整、王资生率领的西洋抗征队和陈华、郑坚带领的安溪人民游击队共300多人，包围进驻西洋镇公所的县自卫大队，迫使其缴械投降，解放了西洋镇。接着，游击队乘胜接管了崇新区的新康、宝溪、龙涓等乡。随后，这路游击队与南斗的另一路游击武装队伍会合后挺进长坑，包围县自卫大队。

西洋镇公所系闽南风格古大厝式建筑。2013年因西坪中心小学建设需要，进行拆除，现为西坪中心小学操场。

西洋镇公所旧址

西洋镇公所现状

中国工农红军闽南游击队第二支队
主要活动据点——中山宝政殿

中国工农红军闽南游击队第二支队主要活动据点中山宝政殿旧址位于安溪县尚卿乡中山村。1932年，随着闽西苏区进入鼎盛发展时期，安南永德苏区在毛泽东率中央红军东路军攻克漳州的有利条件下也得到迅猛发展。中山村成为中共安溪县委（后为中共安溪中心县委）和中国工农红军闽南游击队第二支队领导群众开展打土豪、分粮谷斗争的主要地区之一。宝政殿是当年陈凤伍等中心县委和红二支队领导驻点开展活动的主要据点。

中国工农红军闽南游击队第二支队主要活动据点中山宝政殿

中山宝政殿原为土木结构，主殿建筑面积47.95平方米，殿宇宽6.85米，进深7.0米，两边厢房建筑面积42.70平方米，面宽各为3.5米，进深为7.0米，主体为木桁架。"文革"时遭破坏，1984年重修，现状保存较好。占地面积90平方米，保护面积150平方米。

中国工农红军闽南游击队第二支队主要活动据点——中山宝政殿

"钢铁"游击队科名据点保卫战遗址——凤安楼

"钢铁"游击队科名据点保卫战遗址凤安楼位于安溪县尚卿乡科洋村。

1949年5、6月间，安溪及周边的永春、德化、漳平、大田、宁洋等县城解放，极大地震动了国民党。国民党立即纠集重兵进行反扑。安溪中心县委和"八支四团"主动撤回根据地的中心长坑后，为更好保护根据地的东南门户，7月中旬，中心县委和八支四团新组建"钢铁""前进"两个团部直属队，分驻科名、尚卿。8月7

凤安楼旁土楼枪击弹痕

日，国民党保二团一个连及县自卫队100多人进犯科名据点，驻守在科名凤安楼的"钢铁"游击队14人，在副队长苏承玉率领下，与来犯的敌人激战6个多小时，使敌惧战撤走。此役游击队伤5人，后2人重伤牺牲。

凤安楼为闽南风格大厝式建筑，建于1937年。1949年8月7日被烧毁，新中国成立后在原址重建，为石木结构。占地面积900平方米，保护范围1200平方米。

"钢铁"游击队科名据点保卫战遗址——凤安楼

◎ 芦田镇

安溪人民游击队暴动旧址——三洋警察所土楼

安溪人民游击队暴动旧址三洋警察所土楼位于安溪县芦田镇三洋村。

1949年4月，中共安溪中心县委为粉碎国民党安溪县自卫大队对长坑的"清剿"，决定由安溪人民游击队先在三洋（今芦田镇）举行暴动并解放西洋镇，后迁回包抄县自卫大队。4月20日夜，安溪人民游击队在三洋举行暴动，包围三洋警察所土楼，收缴了该所步枪13支、驳壳枪6支等武器弹药，并连夜东进解放了西洋镇。

三洋警察所土楼为土木结构的两层建筑。原址占地面积600平方米，保护面积850平方米。现已拆除，用于修建民房。

安溪人民游击队暴动旧址现状

三洋警察所土楼旧址

◎ 龙涓乡

庄山民防联保旧址——厚安堂

庄山民防联保旧址厚安堂位于龙涓乡庄灶村后埯。

1932年冬，中共厦门中心市委派陈乃昌回祖籍庄山，发动农民群众武装斗争，发展游击队，组织民军及庄山民防联保，均以厚安堂为活动中心。

1945年5月至9月，许集美、郑种植、施能鹤、黄竹绿等中共地下人员居住厚安堂开展地下活动，建立中共庄山支部。陈振中、陈剑平、吴荣华、李纯德、陈泽雍、陈泽东等来往厚安堂从事地下活动，厚安堂成为他们活动、居住、联络和办公的一个重要场所。

厚安堂系1917年所建，1997年至2001年进行翻建，至今有100多年历史，属闽南式建筑，十间张，四进祖厝，两旁有护厝，还有后落厝，占地面积1855平方米，保护面积2500平方米。

厚安堂于2017年12月被安溪县人民政府公布为安溪县第八批文物保护单位。2021年3月，被福建省文物局公布为福建省第一批革命文物。

庄山民防联保旧址——厚安堂

中共庄灶支部活动据点——庄山小学

中共庄灶支部活动据点庄山小学位于安溪县龙涓乡庄山村。

1945年5月，中共安溪县工委（隶属泉州中心县委）许集美和郑种植到庄灶开展工作，以庄山小学为掩护建立据点，计划向华安县方面延伸拓展。7月，建立中共庄灶支部。该支部努力搞好统战工作，争取了一批社会上层人士。1948年7月，与闽西南党组织派回龙涓工作的洪宣配合，动员新加坡回国的进步华侨参与龙涓乡竞选成功，为党组织在龙涓开展工作创造了有利条件。

庄山小学占地面积230平方米，保护面积500平方米，现已翻建成新教学楼。

中共庄灶支部活动据点——庄山小学现状

第一章 革命遗址（旧址、遗迹）

中共庄灶支部成立旧址——庄厦堂

中共庄灶支部成立旧址庄厦堂位于安溪县龙涓乡庄灶村。

1945年5月，中共泉州中心县委派许集美、郑种植、施能鹤组成中共安溪县工委，挺进安溪。许集美、郑种植到安溪龙涓庄灶开展地下工作，先后发展党员5人。7月，在庄厦堂建立中共庄灶支部，书记吴淑芬。

庄厦堂为闽南大厝式建筑，两边有护厝，土木石结构。占地面积928平方米，保护面积2300平方米。

庄厦堂于2017年12月被安溪县人民政府公布为安溪县第八批文物保护单位。2021年3月，被福建省文物局公布为福建省第一批革命文物。

中共庄灶支部成立旧址——庄厦堂

龙涓地下党活动据点——崇文小学旧址

龙涓地下党活动据点崇文小学旧址位于安溪县龙涓乡美岭与赤片村交界。

1948年下半年，闽西南党员邹慕源在崇文小学任教员，闽中党员胡子明于1949年到崇文小学当教员。他们白天教书，夜间下乡从事革命工作。胡子明发展商会会长李树发、崇文小学校长李清煌和林凉风为地下青年团员，成立团小组，李清煌为组长。

崇文小学旧址占地面积1200平方米。现已翻建成新教学楼。

龙涓地下党活动据点——崇文小学现状

龙涓解放领导小组成立旧址

　　龙涓解放领导小组成立旧址位于安溪县龙涓乡庄灶村石坡尾。

　　1949 年 3 月，中共安永德区工委领导人王新整到龙涓检查工作，会见陈乃祥、陈达文、陈达洲等上层人士，在庄灶石坡尾召开会议，成立龙涓解放领导小组，陈乃祥为组长，邹慕源为组委，陈达文为宣委。会议为做好武装斗争的准备，指定邹慕源负责全面工作，陈乃祥、陈达文负责与上层人士联络工作。

　　龙涓解放领导小组成立旧址占地面积 120 平方米，保护面积 250 平方米。

龙涓解放领导小组成立旧址

龙涓解放委员会成立旧址——玳堤土楼

龙涓解放委员会成立旧址玳堤土楼位于安溪县龙涓乡玳堤村凤山山下。

1949年3月，龙涓解放领导小组在石坡尾成立。领导小组在联络社会上层人士等方面做了大量工作。1949年4月24日，王新整和王资生再次到龙涓乡，在玳堤村土楼召集乡长陈乃祥（党组织支持竞选任乡长）及萧扬声等人商谈解放龙涓事宜，决定成立龙涓解放委员会，陈乃祥任主任，邹慕源、胡子明、萧扬声等为成员。翌日适逢龙涓圩日，龙涓宣告解放，震撼了安（溪）长（泰）华（安）三县交界地区。

玳堤土楼，又名玳堤联芳楼，坐南朝北，呈圆形，墙高17米，墙基厚1.2米。楼下筑有四合院式平屋4座，各单元与大门侧分别设有7个阶梯通道，外墙和门侧设置枪眼等防御设施。该楼建筑独具特色，富有民间建筑风格。占地面积200平方米，保护面积350平方米。因年久失修，有部分倒塌。

龙涓解放委员会成立旧址——玳堤土楼

"八支四团"第七营成立旧址——山后土楼

"八支四团"第七营成立旧址山后土楼位于安溪县龙涓乡山后村。

解放战争时期,长泰县地方武装黄文炳部反对国民党蒋介石的反动统治,思想倾向革命。1949年3月,安华泰解放委员会派人与其联系,黄文炳表示愿意接受中国共产党领导,参加革命。5月28日,中共安溪中心县委派宣传部部长蔡重明等前往长泰,同黄文炳进一步商谈整编事宜。6月中旬,黄文炳率该部300多人到龙涓山后土楼接受"八支四团"整编,编为"八支四团"第七营,营长黄文炳,教导员林文芳(后黄永华),下辖3个连(后扩编为5个连)。第七营组建后奉令在安溪的西坪、虎邱、赤岭、官桥等地阻击国民党保安二团和国民党新五军的进犯。9月,"八支四团"与南下解放大军会师后,第七营改编为中国人民解放军第三十一军教导营。

山后土楼原名龙山启后土楼,建于清康熙三年(1664),是村民为防匪贼而建的群居土楼。依山而建,呈方形。外墙墙基块石砌成,墙身夯土。前楼4层,后楼5层,中有厅堂。全楼分为4个单元,各单元内设有通道。共有102个房间,设置102个枪眼窗。该楼是目前泉州市最大、保存最完整的土楼。占地面积350平方米,保护面积600平方米。因年久失修,有部分倒塌。

"八支四团"第七营成立旧址

地下党活动联络点——李清煌住宅

地下党活动联络点李清煌住宅位于安溪县龙涓乡下洋村。

1949年6月，中共安溪县工委崇新区委书记林凌（女）到龙涓常住李清煌家，与李母同住同睡，以李家为联络点，从事革命活动。

李清煌住宅占地面积300平方米，保护面积460平方米。

地下党活动联络点——李清煌住宅

第一章 革命遗址（旧址、遗迹）

中共竹园支部成立遗址——竹园西楼

中共竹园支部成立遗址竹园西楼位于安溪县虎邱镇竹园村。

1945 年 5 月，闽中党组织泉州中心县委为了打通经安溪、闽西通往闽粤赣边区的交通线，派出以许集美为书记，郑种植、施能鹤为成员的中共安溪县工委（挺进工作队）到安溪，施能鹤进入新康（虎邱），在湖坵、湖东、竹园开展党的组织活动。1946 年 7 月，施能鹤再次到竹园开展工作，在西楼建立中共竹园支部，书记周奚水，党员 12 人。1949 年春，竹园党支部和虎邱党支部一起组建了新康独立游击中队，有 150 人枪。

竹园西楼是竹园周氏的祖祠，竹园小学办在此地。占地面积 250 平方米，保护面积 350 平方米。

中共竹园支部成立遗址——竹园西楼

中共新康乡工委成立旧址——虎邱林氏祠堂

中共新康乡工委成立旧址虎邱林氏祠堂位于安溪县虎邱镇湖圬村。

1945年5月，中共泉州中心县委为打通安溪经闽西往闽粤赣边区交通线，成立中共安溪县工委（挺进工作队），书记（队长）许集美，成员郑种植、施能鹤，进入安溪开展工作。施能鹤到新康乡（虎邱镇）后，在湖圬、湖东、竹园等地进行组织活动，发展党员。7月，在虎邱林氏祠堂建立中共新康支部，书记林文庆，党员8人。1946年7月，施能鹤到新康乡检查工作，根据当地党组织迅速发展的情况，再次于林氏祠堂召开党员干部会议，成立中共新康乡工委，书记林文庆，下设虎邱、竹园两个支部及官桥五里埔党小组，党员29人。

虎邱林氏祠堂始建于明初洪武年间，2004年重建。为典型的闽南风格古建筑，砖石木结构，有精细的木雕龙柱。虎邱中心小学曾在林氏祠堂办学。占地面积700平方米，保护面积1500平方米。

虎邱林氏祠堂于2013年9月被安溪县人民政府公布为安溪县第七批文物保护单位。2021年3月，被福建省文物局公布为福建省第一批革命文物。

中共新康乡工委成立旧址——虎邱林氏祠堂

中共罗岩（宝溪）中心小学支部成立旧址

中共罗岩（宝溪）中心小学支部成立旧址位于安溪县虎邱镇罗岩村。

1945 年 9 月，为了开辟新区，打通安溪龙门经罗岩通往漳州中共闽南特委的交通线，安南同党组织派白宗兰、梁新民、和明法、林五地（庄牧）、白玉函、刘一虹、林火撰等人到罗岩（宝溪）中心小学任教（白宗兰任校长，梁新民任教导），开展革命工作。12 月，建立中共罗岩（宝溪）中心小学支部，书记白宗兰，党员 5 人。罗岩党支部为了筹集党的活动经费，其成员把学校所发薪酬的一半交给党组织。1947 年后，该党支部成员先后调往他地。

中共罗岩（宝溪）中心小学支部成立旧址为闽南古建筑，十间张大厝，土木结构，占地面积 500 平方米，保护面积 900 平方米。

罗岩（宝溪）中心小学旧址

罗岩（宝溪）中心小学现貌

虎邱"武术馆"遗址——鱼亭祖祠

　　虎邱"武术馆"遗址鱼亭祖祠位于安溪县虎邱镇湖坵村田中央角落。

　　1947年2月，中共新康乡工委通过武术师林水源和林含笑等组织40多名青壮年组成抗征队伍，以学武术为名，在鱼亭祖祠成立武术馆，每夜聚集在一起学习、训练武术，以反抗国民党政府的征兵、征粮、征税。武术馆坚持2年多时间，学员成为虎邱游击队及新康独立游击中队的骨干力量。

　　鱼亭祖祠占地面积360平方米，保护面积620平方米。

虎邱"武术馆"遗址——鱼亭祖祠

中共虎邱支部活动据点——上林宅

中共虎邱支部活动据点上林宅（内厝祖）位于安溪县虎邱镇湖坵村草坂头。

1947年秋，中共安南同县工委为开辟通往闽南地委交通线，派干部到虎邱开展革命活动，在上林宅建立中共虎邱支部，书记林本丑。1948年11月上旬，为开展以龙门为依托，以长坑为中心的游击战争，安南同临时县工委书记林文芳专程到虎邱，在上林宅召开虎邱支部党员会议，部署组织武装队伍。

上林宅占地面积380平方米，保护面积450平方米。

修缮后的上林宅

中共虎邱支部活动据点——上林宅旧址

虎邱游击队成立地点——湖垵大溪埔

虎邱游击队成立地点湖垵大溪埔位于安溪县虎邱镇湖垵村。

1948 年 11 月，中共金南同县工委书记林文庆派周奚水、林留贵等 10 多人回新康乡，先后恢复了中共湖邱支部和竹园支部组织活动，配合闽西南党组织开展武装斗争。1949 年春，在湖邱大溪埔成立虎邱游击队，同时，还在金榜、山后、林东、双格、举溪等地组织游击队。在此基础上成立新康独立游击中队，队长周奚水、林流范，约 150 人枪。该中队先后参加解放官桥官郁土楼、安溪县城战斗。后又在赤岭、石帽山、南山等处与保二团、新五军进行战斗。

湖垵大溪埔原占地面积 1000 平方米，2020 年已拆除。

虎邱游击队成立地点——湖垵大溪埔

虎邱游击队成立地点——湖垵大溪埔现状

第一章 革命遗址（旧址、遗迹）

◎ 官桥镇

犀山红军洞旧址

　　犀山红军洞旧址位于安溪官桥镇益林村。

　　1935年下半年，安南永德地区的革命斗争形势日趋严峻。红二支队政委彭德清率游击队转战安南同边区，在虎邱、罗岩、官桥等地多次遭到敌人的围攻。在犀山，为掩护彭德清撤退，红军战士与国民党军队展开血战，因弹药用尽，最后全部牺牲在红军洞内。当地群众在每年农历八月十四日下午石将军庙会后，都会自愿煮饭菜恭祭红军亡魂，此习俗至今不断。

　　犀山红军洞旧址地处犀山旅游风景区，占地面积50平方米。

犀山红军洞旧址

蓝溪中学地下交通站旧址——赤岭林氏驷马祖祠

蓝溪中学地下交通站旧址赤岭林氏驷马祖祠位于安溪县官桥镇赤岭村。

解放战争时期，私立蓝溪中学是闽西南党组织的主要联络站和革命活动据点。1948年9月，中共泉厦临工委经中共中央香港分局同意，决定以龙门为依托，以内安溪长坑为中心，开辟安永德大漳游击区。10月派林文芳、王新整先后回安溪龙门、长坑开展工作。王新整到厦门后，立即通

赤岭林氏驷马祖祠内景

知蓝溪中学校长谢高明到厦门参加会议并抽调一批干部进长坑，准备武装斗争，同时与谢高明商议在蓝溪中学安排外地共产党员任教，发展党的组织，建立交通联络站。1949年3月，中共蓝溪中学支部成立，书记林崇理。蓝溪中学党组织在负责接送干部、通讯联络、传达情报等方面做了大量工作，为长坑游击区的建立和安溪的解放作出重大贡献。

赤岭林氏驷马祖祠于1946年由赤岭乡贤林树彦、林敬宏、林淑峰等捐建，是闽南典型的大十开间古建筑，砖木结构，祖祠建成后林树彦即创办私立蓝溪中学。占地面积6380平方米，保护面积10638平方米。

赤岭林氏驷马祖祠于2013年9月被安溪县人民政府公布为安溪县第七批文物保护单位。2011年12月，被安溪县党史研究室公布为安溪县第一批党史教育基地。2021年3月，被福建省文物局公布为福建省第一批革命文物。

赤岭林氏驷马祖祠全景

攻打官郁土楼指挥部遗址——江苏楼

　　攻打官郁土楼指挥部遗址江苏楼位于安溪县官桥镇官桥圩。

　　1949年5月3日，根据中共安溪中心县委的部署，安南同边区游击大队500多人，在林文芳、林金狮、梁新民、林水芸、白佑启、林泗泰、周虎组成的解放官桥前敌指挥部率领下，进军安溪重镇官桥，在江苏楼设立指挥部，指挥攻打官桥镇公所官郁土楼。

　　江苏楼现为一座三层小洋楼，石、砖和混凝土混合建筑。占地面积150平方米，保护面积200平方米。

攻打官郁土楼指挥部遗址——江苏楼现状

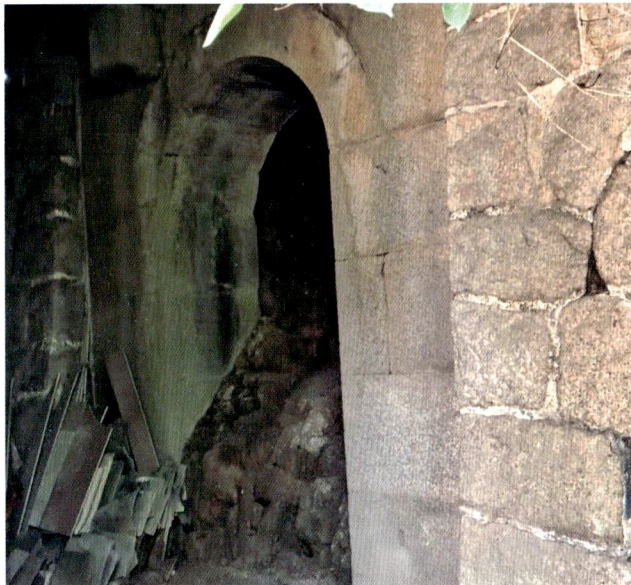

解放官桥战斗地点——官郁土楼

解放官桥战斗遗址官郁土楼位于安溪县官桥镇官桥村。

官桥是安溪、永春、德化及漳平、大田通往厦门、漳州的必经之地，是安溪的重镇之一。解放战争时期，中共安溪中心县委领导安溪人民游击队解放内安溪乡镇后，国民党县政府加强了县城外围的防卫，增派自卫队到官桥防守。1949年4月底，安南同游击大队、抗征队在先后解放南安翔云、安溪龙门后，根据中心县委部署，进军攻打官桥镇公所官郁土楼，与县自卫队和镇警镇兵120多人展开激战。4日，安溪人民游击大队第二中队以及新康、崇新游击队300多人也到官桥参战，战斗持续了3天，最后游击队采取挖地道逼近土楼门的军事强攻和政治攻心相结合的策略，迫使敌人投降。此战中被派往蓬莱搬运炸药的游击队员曾自强、许文斌、梁长智、许三喜、许帮枝与退回县城的县自卫中队60多人在白沙亭发生遭遇战，由于敌众我寡，5位游击队战士壮烈牺牲。游击队攻下官郁土楼，解放官桥镇，为解放安溪县城打下了基础。

官郁土楼是清代为防匪而建的土楼，土木结构，土建墙体特别厚。解放初期为区政府所在地。由于土楼失火，损毁较重，大部分楼主体倒塌，只见部分石门结构。原址占地面积1200平方米，保护面积1500平方米。

解放官桥战斗地点——官郁土楼

"八支四团"第十二连击毙国民党新五军副军长

地点——赤岭"万丰楼"

"八支四团"第十二连击毙国民党新五军副军长地点赤岭"万丰楼",位于安溪县官桥镇驷岭村赤岭大路街芦汀桥边。

1949年5月10日,安溪县城解放,震动了国民党当局。驻厦门的国民党新编第五军奉令组织千人的挺进支队,由副军长汪志竞任司令,率部进攻安溪,声称要"踏平安南同,清剿长坑四团总部"。"八支四团"第一营和独立第十四连与敌人展开了数十次的战斗。1949年8月31日,"八支四团"第十二连在官桥赤岭大路街万丰楼与国民党新编第五军挺进支队400多人展开遭遇战,击毙国民党新五军副军长、挺进支队司令汪志竞等3人,击伤敌20多人。第十二连战士牺牲7人,负伤13人,被俘1人。挺进支队连夜撤回同安、厦门。

赤岭"万丰楼"建于1934年,为砖石混合结构的两层建筑,占地面积218平方米,保护面积350平方米。

"八支四团"第十二连击毙国民党新五军副军长地点——赤岭"万丰楼"

中共龙门支部成立旧址——龙门小学

中共龙门支部成立旧址龙门小学位于安溪县龙门镇龙门村。

1934年秋，进步知识青年林师柴回到家乡龙门，任龙门小学校长，在龙门、官桥地区办夜校，组织农会，发展党、团组织。1935年春，在中共厦门中心市委和中共安溪中心县委领导下，中共龙门支部和共青团龙门支部在龙门小学成立，林师柴、王安居分别担任党、团书记，隶属中共厦门中心市委领导。3月，龙门支部改为安南同特别支部，隶属中共安溪中心县委领导。在安南同特支领导下，安南同边区人民成立农会、共青团、妇女会、儿童团、赤卫队，开展轰轰烈烈的抗租、抗税、抗捐、抗粮、抗债斗争，成为三年游击战争时期安南永德苏区的一个重要战略支点。抗日战争爆发后，在外地的进步知识青年林降祥、林火枝等回龙门家乡开展抗日救亡活动，成立"党的同情小组"，组织农会，培养骨干。1938年2月，中共厦门工委派李毅然到龙门小学任教，于10月在龙门小学重建中共龙门支部，领导龙门地区建立"白皮红心"的两面政权，形成闽西南白区工作基地。闽西南党组织很多干部都在龙门小学读书或任教。

龙门小学校址原是龙门林氏祖祠，为明末龙门林氏所建，是闽南传统十间张古大厝加双护厝建筑，占地面积360平方米，保护面积600平方米。

中共龙门支部成立旧址于2012年9月被安溪县委党史室公布为安溪县第二批党史教育基地。2013年9月，被安溪县人民政府公布为安溪县第七批文物保护单位。2021年3月，被福建省文物局公布为福建省第一批革命文物。

中共龙门支部成立旧址——龙门小学

龙门农民夜校总校旧址——龙门山头林祖厝

龙门农民夜校总校旧址龙门山头林祖厝位于安溪县龙门镇龙山村。

1934 年至 1935 年，中共安南同特支书记林师柴在龙门各地办农民夜校，组织农会，发动贫苦农民进行抗租、抗债斗争，并在此设立农民夜校总校。抗日战争爆发后，在外地的进步知识青年林降祥、林火枝等先后回家乡龙门开展抗日救亡活动。他们以山头林祖厝农民总校为基础，在各地恢复夜校，培养农会骨干近 100 名。

1938 年 10 月，中共龙门支部恢复后，山头林祖厝成为党组织活动的基点。1944 年至 1945 年，党组织派白佑启任该校校长，开展抗日反顽斗争。

山头林祖厝系闽南传统古建筑，土木石混合结构，瓦顶，占地面积 150 平方米，保护面积 200 平方米。现已拆除重建成宗圣宫。

龙门农民夜校总校旧址——龙门山头林祖厝

红二支队第五大队成立旧址——白灼楼仔

红二支队第五大队成立旧址白灼楼仔，位于安溪县龙门镇白芸村坑墘角落。

1934年10月，中央主力红军长征后，安南永德红色苏区成为南方游击战争的一块根据地。中共安溪中心县委和红二支队为保存红色苏区，决定转变斗争策略，坚持游击战争，开辟安南同新区，打通与中共厦门中心市委联络的交通线，并派领导干部易培祥、林德玖以及红二支队第三大队大队长刘由到龙门与林师柴、王安居会合开展工作。1935年3月，中共龙门支部改为中共安南同特支后，在白灼楼仔组建红二支队第五大队，大队长白伯宗，指导员白廉。中共安南同特支和红二支队第五大队与国民党中央军第九师第二十六旅谢辅三部以及福建省保安第九团副雷镇钟部等展开了艰苦卓绝的斗争。

白灼楼仔为两层土木结构建筑，占地面积80平方米，保护面积100平方米。

红二支队第五大队成立旧址——白灼楼仔

中共安南同特别支部成立旧址——延熙大楼（白圻深大楼）

中共安南同特别支部成立旧址延熙大楼位于安溪县龙门镇美卿村。

1934年冬，中共厦门中心市委派彭德清等到龙门协助林师柴开展工作。1935年1月，建立中共安南同边区临时特别委员会，书记彭德清，组委陈先查，宣委林师柴，下辖龙门、梧峰等支部，隶属中共厦门中心市委。3月，由于斗争需要，彭德清调任红二支队政治部主任，安南同临时特委撤销。根据中共厦门中心市委的指示，龙门党支部改为中共安南同特别支部，归属中共安溪中心县委领导。成立会议在延熙大楼召开，选举林师柴为书记，陈琼瑶、白成章等为支委。下辖安溪龙门、坑内、新田、观山、湖山和同安梧峰、洪塘及南安岭头等党组织。中共安南同特支领导开辟了安南同游击区，成为三年游击战争时期安南永德苏区的一个重要战略支点。

延熙大楼为典型的闽南风格建筑，石砌墙体，木瓦盖顶，双排连一体，占地面积400平方米，保护面积500平方米。

中共安南同特别支部成立旧址——延熙大楼（白圻深大楼）

红二支队、中共安南同特支活动地点——破寨楼仔

红二支队、中共安南同特支活动地点破寨楼仔位于安溪县龙门镇龙山村破寨玉屏山下，非常偏僻。

1935年，红二支队政委彭德清、中共安南同特支书记林师柴均在此处隐蔽活动。

破寨楼仔占地面积30平方米，保护面积50平方米。现已大部分倒塌。

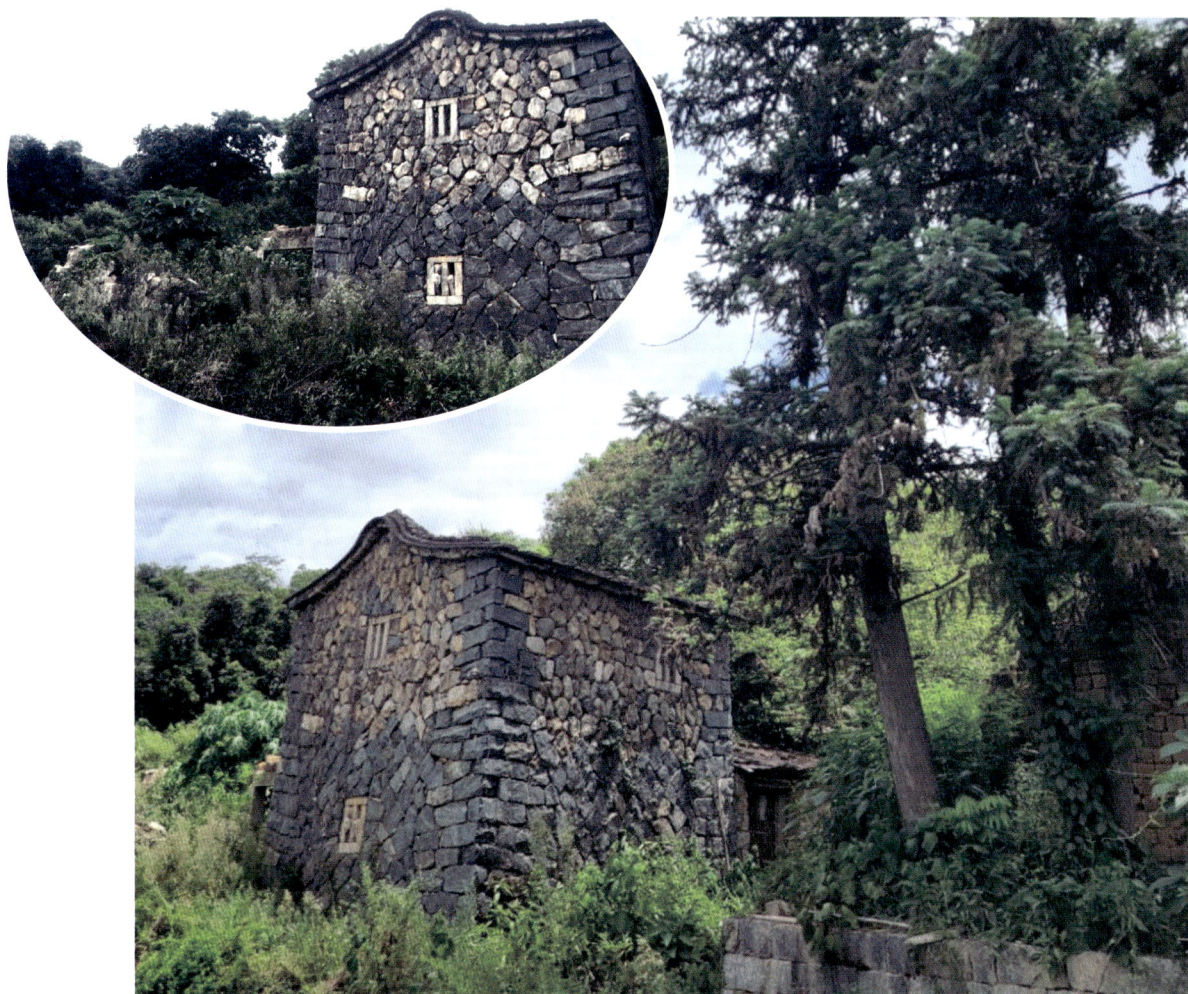

红二支队、中共安南同特支活动地点——破寨楼仔

安南同特支主要活动地点——美卿小学旧址

安南同特支主要活动地点美卿小学旧址位于安溪县龙门镇美卿村。
1935 年，中共安南同特支领导成员林师柴、王安居等在此开展革命活动。
美卿小学占地面积 150 平方米，保护面积 200 平方米。

安南同特支主要活动地点——美卿小学旧址

安南同特支和红二支队第五大队驻地之一——白文皮住宅

安南同特支和红二支队第五大队驻地之一白文皮住宅位于安溪县龙门镇美卿村君子埔顶崎下。

1934年10月，中央主力红军长征后，中共安溪中心县委和中国工农红军闽南游击队第二支队转变斗争策略，坚持独立作战，积极开辟新区。中共安溪中心县委派干部到龙门开展工作，1935年1月，建立中共安同南边区临时特别委员会。根据斗争需要，1935年3月改为中共安南同特支。随后又组建红二支队第五大队，开辟了安南同游击区。白文皮住宅是安南同特支和红二支队第五大队的主要驻扎地之一。

白文皮住宅占地面积120平方米，保护面积150平方米。

安南同特支和红二支队第五大队驻地之一——白文皮住宅

"党的同情小组"诞生地遗址——三角潭

　　"党的同情小组"诞生地遗址三角潭位于安溪县龙门镇龙门村大溪边。

　　1937年，全面抗日战争爆发后，回到家乡龙门村开展革命活动的林火枝（又名林成茂，留学日本、远洋轮船大副）、林降祥（复旦大学学生、上海救国会骨干）以及林水芸（土地革命战争时期隐蔽下来的共产党员）、林清辉（进步知识青年）、白宗兰（土地革命战争时期少先队员、进步青年）5人在三角潭成立"党的同情小组"，组长林火枝，副组长林降祥。5人在潭边立誓，要继承中共安南同特支书记林师柴的遗志，组织农会，办农民夜校，开展抗日救亡运动。"党的同情小组"的组织和工作后来得到中共漳州中心县委认可，并在此基础上，于1938年10月重建中共龙门支部。"党的同情小组"成员后来在全面抗日战争和解放战争时期成为闽西南党组织的重要领导干部。

　　三角潭占地面积100平方米，保护面积200平方米。

"党的同情小组"诞生地遗址——三角潭

林降祥旧居

林降祥旧居德芳居位于龙门镇龙门村。

林降祥旧居是安南同特别支部成员秘密情报交接点和党员生活会议的场地。林降祥，又名林青，安溪龙门人，1915年生。1936年在上海参加抗日救国会。1937年回到家乡龙门，安溪县"党的同情组织"核心成员之一。1938年10月加入中国共产党，任龙门支部委员、书记，积极组建抗日武装，建立"白皮红心"的两面政权。1939年春，受党组织委派出任龙榜镇副镇长。1941年，到印尼爪哇开展华侨工作，任当地民族解放抗日大同盟总部组织部部长，并创办《南侨日报》任社长。1952年回国，历任中侨委副处长、全国侨联办公室副主任、联络部负责人。1992年病逝。

林降祥旧居占地面积1000平方米，保护面积1000平方米。

林降祥旧居于2017年12月被安溪县人民政府公布为安溪县第八批文物保护单位。2021年3月，被福建省文物局公布为福建省第一批革命文物。

林降祥旧居

半斋读书会旧址

半斋读书会旧址位于安溪县龙门镇龙门村石牌下。

1938年夏，为团结和培养进步知识青年，在中共厦门市工委派驻龙门重建党组织的李毅然（后为中共龙门支部书记）指导下，张连等人在半斋书房成立了半斋读书会，组织张连、林文芳、林敬平等龙门小学教师和进步知识青年，一起学习马列书籍、毛泽东著作及《大众哲学》《政治经济学》等；阅读《铁流》《八月的乡村》《钢铁是怎样炼成的》等革命文艺作品；讨论抗日时

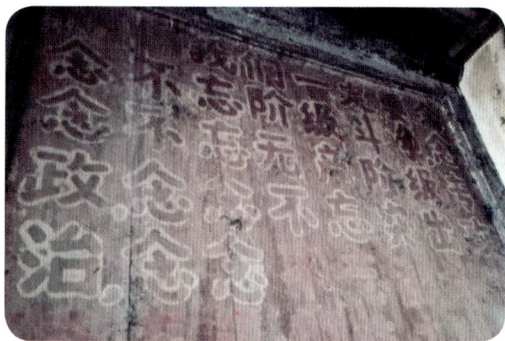

书写在半斋书房的标语："我们一定要念念不忘阶级斗争，念念不忘无产阶级专政，念念不忘突出政治，念念……"

局，出版抗日墙报；排练《流亡三部曲》《平型关大捷》等抗日救亡剧目，并到各地演出，宣传党的抗日主张。半斋读书会坚持近10年，培养了不少党和革命斗争的骨干人才。

半斋书房是一厅两房的土木建筑，系张连祖父林嘉勋于20世纪初所建。占地面积50平方米，保护面积80平方米。

半斋读书会旧址于2013年9月被安溪县人民政府公布为安溪县第七批文物保护单位。2021年3月，被福建省文物局公布为福建省第一批革命文物。

半斋读书会旧址

张连旧居

张连旧居位于安溪县龙门镇龙门村。

张连（1919—2017 年），原名林绿竹，福建安溪人，是闽西南党组织主要负责人之一。1937 年开始从事抗日救亡活动，1938 年由党组织派送到集美中学高中部（内迁安溪）读书，任学生会主席。1939 年秋加入中国共产党，1942 年主持恢复安南永边区工作。南委事件后，被党组织派到建阳暨南大学读书。在校期间，积极投身学运，发展党的组织。1946 年 3 月回到厦门，被派往中国台湾建立党的组织。1946 年 10 月回到上海暨大复学，参与领导学生运动，被上海党组织任命为全国学生抗议美军驻华暴行联合会（中国学联前身）常委、宣传部部长。1947 年 5 月回到厦门，再次东渡中国台湾，领导建立了中共台湾工委。因闽西南党组织遭受破坏，被迫转移上海。此后，通过中共华南分局，汇集闽南白区党组织转移到香港的各地人员和各地代表，于 1948 年 5 月成立了中共泉厦临工委，任书记。1949 年 4 月中共安溪中心县委成立后任副书记。新中国成立后，历任中共德化县委书记兼永春县长、晋江专员公署副专员、专员，晋江地委副书记，省地质局副局长，福州军区对台办、省委对台办专职副主任，省科委副主任、顾问，省顾委常委等职。

张连旧居为闽南传统十间张古大厝，石砖瓦混合结构，占地面积 360 平方米，保护面积 560 平方米。

张连旧居

"白皮红心"政权所在地——龙榜镇公所旧址

　　"白皮红心"政权所在地龙榜镇公所旧址位于安溪县龙门镇龙门村。

　　1938年3月，"党的同情小组"通过地方人士保举该小组组长林火枝担任龙榜联保主任。10月，中共龙门支部重建后，积极贯彻党中央关于白区"秘密党员必须有很好的群众联系和合法地位"及"党员社会职业化"的方针。为掌握镇保政权，1939年春，支部委员林降祥出任龙榜（后改龙门）镇副镇长，党员林水芸、林水火、林文杏也进入镇公所任职，建立起"白皮红心"两面政权。之后，党员骨干张连、白宗兰、白佑启、林文芳、梁新民等也先后进入三青团组织，参与保长选举。至1944年春，党组织基本掌握了龙门12个保中的10个保，龙门三青团组织也基本控制在地下党手里。1946年6月，党组织又派林文芳出任龙门镇代理镇长。1947年夏，再次以三青团名义派白宗兰、林文芳参与国民党政府基层选举并获胜，分别出任镇民代表主席和镇长，进一步建立起牢固的"白皮红心"两面政权。延续10年的"白皮红心"两面政权为当地党组织的活动和发展创造了有利条件。

　　龙榜镇公所旧址为石砖砌成的两层建筑，占地面积400平方米，保护面积550平方米。

"白皮红心"政权所在地——龙榜镇公所旧址

目场造枪厂旧址

目场造枪厂旧址位于安溪县龙门镇龙美村目场和尚山下七枞仔大厝。

1938 年冬，中共龙门支部在建立龙门武工队的同时，在目场创建造枪厂，利用当时破坏旧公路桥所留下的钢筋，由党员林水火等领导，聘请广东技师李树等帮助制造单响步枪和土驳壳枪，作为武工队的武器。造枪厂在当地党组织及其所建立的龙门镇、保"白皮红心"两面政权的保护下，一直坚持到解放战争时期，为游击战争提供了大批武器和弹药。

目场造枪厂旧址原为闽南风格的十开间大厝，因年久失修，已损毁，只剩墙基。安溪县人民政府在原址给予立碑保护。占地面积 200 平方米，保护面积 300 平方米。

目场造枪厂旧址于 2013 年 9 月被安溪县人民政府公布为安溪县第七批文物保护单位。2021 年 3 月，被福建省文物局公布为福建省第一批革命文物。

093

第一章 革命遗址（旧址、遗迹）

目场造枪厂旧址

闽南地委特派员常驻地旧址——仙地国民学校

　　闽南地委特派员常驻地旧址仙地国民学校位于安溪县龙门镇仙地村官林角落。

　　抗日战争时期，中共闽南特委先后派大批干部到龙门，发展党的组织，建立秘密联络站，组建抗日武装，创办抗日救亡刊物，建立了闽西南白区工作基地。1940年2月，党组织消灭了仙地著匪许宫墙后，派白宗兰到仙地国民学校任校长，在仙地开展革命活动。

　　1942年8月，闽南特委派罗林（林东昌，后任特委特派员、宣传部部长）到龙门接替洪庆礼主持闽西南党的工作。罗林选择远离集镇、群众基础较好的仙地作为基点，以仙地国民学校教员身份常驻该校，指挥闽西南白区党的工作。罗林及其爱人李琼君在仙地学校任教员长达3年，抗日战争胜利后调往漳州。

　　仙地国民学校为闽南传统的十开间大厝，土木结构，占地面积200平方米，保护面积300平方米。

闽南地委特派员常驻地旧址——仙地国民学校

闽西南党组织目场接待站旧址——林文东住宅

闽西南党组织目场接待站旧址林文东住宅位于安溪县龙门镇龙美村目场大坂角落。

1938年10月，中共龙门支部恢复重建后，农会工作得到进一步发展，目场成为安南同边区主要革命根据地之一，并在林文东住宅设立接待站。中共闽南特委先后派出的干部陈奇、胡鳅（林水田）、洪庆礼、罗林等都到过目场，住在林文东家，其中洪庆礼住的时间长达2年。至1941年夏，目场先后发展了26名成员，成立中共目场支部，书记林水火，组委林文东。目场支部成为闽西南党组织的一个坚强堡垒。

林文东住宅原为土木建筑，现已翻建，占地面积200平方米，保护面积300平方米。

闽西南党组织目场接待站旧址——林文东住宅

闽西南党组织观山联络站旧址——新兰居

闽西南党组织观山联络站旧址新兰居位于安溪县龙门镇龙门村观兰山角落。

抗日战争时期，中共闽南特委先后派出大批干部到龙门，建立闽西南白区工作基地，在荣裕商店、联芳厝等地设立了多个秘密联络站，观山联络站是其中最重要的一个。1942年8月，闽南特委派罗林到龙门接替洪庆礼主持闽西南党的工作，在时任仙地国民学校校长白宗兰的保护下，罗林、李琼君夫妇以教员身份驻仙地开展工作。同时，在龙门村新兰居设立联络站，党员干部在此联络，接受指示，并召集党组织干部开会，研究部署党的活动。联络站一直坚持到解放战争时期。

新兰居是龙门早年地下党员白宗兰旧居，为闽南建筑风格，十间张大厝，占地面积200平方米，保护面积300平方米。因年久失修，部分墙体开裂，屋瓦破损。

闽西南党组织观山联络站旧址——新兰居

闽西南党组织秘密联络站——荣裕商店

闽西南党组织秘密联络站荣裕商店位于安溪县龙门镇龙门村龙门圩。

荣裕商店为抗日战争和解放战争时期，安溪、南安、翔云、南师、厦门、同安等闽西南党组织的地下联络站和接待站。闽南地委派员到安溪时常住此店，1947年闽南地委宣传部长罗林来组织中共安南同县工委时也住在此店。

荣裕商店占地面积50平方米，保护面积50平方米。

闽西南党组织秘密联络站——荣裕商店

闽西南党组织联络站——联芳厝

闽西南党组织联络站联芳厝位于安溪县龙门镇龙山村破寨。

联芳厝原为地下党员林火撰之家，1947年闽西南党组织遭到破坏，安南同县工委遭受损失，闽西南党组织上至泉厦临工委书记，下至一般隐蔽过境地下党人，均通过此地联络、转送。后成为武工队活动、决策所在地。

联芳厝占地面积450平方米，保护面积450平方米。

闽西南党组织联络站——联芳厝

中共安南同县工委成立旧址——东山格祖厝

中共安南同县工委成立旧址东山格祖厝位于安溪县龙门镇龙美村。

1947年夏，中共闽南地委决定分别建立安南同县工委、厦门市工委、台湾工委和诗淘码工委，均隶属于地委。10月4日至9日，地委宣传部部长罗林在龙门目场召开安南同边区30多名干部参加的会议，传达闽粤赣边区党委关于"迎接大反攻，加强农村武装斗争"和"由分散的武装据点到集中力量建立成块根据地"的指示，集中讨论武装斗争问题，提出了"开辟山区空白点，迎接武装斗争"的任务，决定派员开辟虎邱、大坪、龙涓、西坪、墩坂以及南安英都的游击武装斗争。会上成立中共安南同县工委和安南同武工队。县工委书记林金狮，组委林泗泰，宣委洪庆礼，委员林水芸、梁亚华。武工队队长林水芸，副队长林土墙。县工委下辖翔云区委、目场总支、镇公所特支和龙门、龙门小学、龙山、仙地、罗岩中心小学支部，党员141人。

修缮后的东山格祖厝

东山格祖厝原为目场地下党总支书记林新枞居住之所，是闽南风格的土木建筑古厝，现已按原貌翻新重建，为石砖瓦混合结构。占地面积200平方米，保护面积300平方米。

中共安南同县工委成立旧址于2003年6月被安溪县人民政府公布为安溪县第六批文物保护单位。2021年3月，被福建省文物局公布为福建省第一批革命文物。

安南同游击大队成立旧址——寨后八卦楼

安南同游击大队成立旧址寨后八卦楼位于安溪县龙门镇龙山村寨后。

1949年春，中共安溪中心县委开辟了以龙门为依托，以内安溪长坑为中心的游击区。为解放官桥和安溪县城，派林金狮回龙门重建安南同县工委和游击队。5月2日，林金狮在龙山寨后八卦楼召集各地武工队，整编成立安南同边区游击大队，大队长林文芳，政委林金狮，副大队长林土墙，后勤部长林新奇，下辖3个中队共300多人（后为5个中队500多人）。

寨后八卦楼原是党员林鲍鱼之家，为两层土木建筑，占地面积150平方米，保护面积150平方米。

安南同游击大队成立旧址——寨后八卦楼

"八支四团"独立第十四连成立旧址——联兴楼

"八支四团"独立第十四连成立旧址联兴楼位于安溪县龙门镇龙山村路宅。

1949年4月，中共安溪中心县委派林金狮回龙门，于4月29日在龙山联兴楼召开安南同边区干部会议，宣布重建中共安南同县工委，书记林金狮，组委林文芳，宣委梁新民，武委林水芸，下辖龙门、翔云、东田、美峰4个区委（后增榜头、官桥、英都3个区委）。6月8日，中共安溪中心县委在长坑召开"八支四团"成立暨授旗授印大会，决定选调安南同边区游击大队部分人员组建团属独立第十四连。随后，"八支四团"独立第十四连在联兴楼宣告成立，连长林金狮（兼），指导员韩世芳，副连长许火玉，副指导员张克辉，辖4个排共计120多人。"八支四团"独立第十四连机关也设在联兴楼。

联兴楼是"八支四团"独立第十四连战士林有庆的家，石砖墙体，两层结构，1949年遭省保二团炮击受损。2007年由安溪县人民政府拨款修缮，占地面积120平方米，保护面积250平方米。

"八支四团"独立第十四连成立旧址——联兴楼

闽西南党组织联络站——林水芸旧居

闽西南党组织联络站林水芸旧居位于安溪县龙门镇龙山村。

林水芸（1918—1949年），安溪县龙门镇人。1934年秋，在龙门学校参加革命活动。翌年加入中国共产党，接受党的指示坚持隐蔽斗争。全面抗日战争爆发后，林水芸与在龙门开展抗日救亡运动的青年林降祥等取得联系，继续从事地下活动。林水芸是"党的同情组织"5人核心小组成员之一，负责农会工作。他秘密串联原农会会员，恢复龙门一带的农会组织，发展近500名农会积极分子，同时恢复办夜

闽西南党组织联络站——林水芸旧居

校。不久，龙门复建党支部，并建立武工队，在龙美村目场开办造枪厂，林水芸任龙门武工队长。1939年春，林水芸被派进龙门镇公所供职，并在龙山保参加保长竞选并获胜。此后，利用合法身份，积极开展党的秘密工作。

1946年，中共龙门区工委成立，林水芸任宣传委员。1947年10月，任中共安南同县工委委员兼武工队队长。1949年4月，与林文芳等率领边区游击队及抗征队在南安福庭暴动，并相继参加领导解放南安翔云，安溪龙门、官桥等乡镇。后又率队截击泉州增援之敌。安溪县城解放后，率队与安溪增援队伍配合，解放南安英都乡。归途中病倒，回龙门养病。其间，不慎落入敌人的圈套。同年8月14日在龙门圩尾埔英勇就义。

林水芸旧居占地面积150平方米，保护面积150平方米。

闽西南党组织秘密交通站——大石皮厝

闽西南党组织秘密交通站大石皮厝位于龙门镇龙山村东北部。

大石皮厝是地下党员往返南安翔云、龙门美卿停歇处。地下党在大石皮厝右畔兴建了一座军事防御楼——埔顶炮楼。龙山堡埔顶炮楼位于安南两县交界处埔顶山的制高点,战乱时期,匪祸横行。1935年,埔顶角落广大群众在"红色堡长"林竹笥的组织下,出钱出力投工投劳,并由地下党员林国庆主持兴建军事防御楼,负责守卫一方平安,为全村广大群众的生命财产提供安全保障。

大石皮厝建筑面积450平方米,保护面积450平方米。

闽西南党组织秘密交通站——大石皮厝

第二章 烈士墓（纪念碑）

凤冠山革命烈士纪念碑

凤冠山革命烈士纪念碑位于安溪县凤城镇北面凤冠山上。

1933 年,在中共安溪中心县委领导下,安(溪)南(安)永(春)德(化)革命斗争迅猛发展,1933 年 5 月 1 日,举行闽南工农游击队第二支队成立周年大会,并改称为中国工农红军闽南游击队第二支队。8 月 24 日,成立安南永德第一个区级苏维埃政权——官桥区革命委员会。8 月 25 日,成立安南永德苏维埃政府,引起国民党当局的恐慌。9 月 8 日,安溪国民党当局买通混入中国工农红军闽南游击队第二支队的原民军副营长、股匪头目王观兰,在蓬莱温泉青云楼设下圈套,制造了震惊八闽的青云楼事件。安南永德苏区党、政、军主要领导和骨干陈凤伍、李实、李世全、黄福廷、傅有智、骆招全、唐光华等 12 人被捕遇害。

朱德、邓子恢题词

1958 年 5 月,为纪念在青云楼事件中牺牲的 12 位革命烈士,中共安溪县委、安溪县人民委员会决定在烈士牺牲地县城北面凤冠山上建立革命烈士纪念碑,并于同年 11 月竣工。凤冠山革命烈士纪念碑占地面积 120 平方米,保护面积 2000 平方米,纪念碑正面阴楷镌刻"革命烈士纪念碑" 7 个大字,左右分别镌刻朱德、邓子恢的题词"革命烈士永垂不朽""英名不朽,浩气长存",背面记述 12 位烈士的英雄事迹。

陈凤伍烈士,化名雷震动,1907 年出生,海南文昌人,高中时加入中国共产党,1926 年,参加北伐,是一位能文善武的军事指挥员。1932 年 4 月,到安溪组建闽南工农游击队第二支队,任支队长。1932 年 11 月任中共安溪中心县委常委。1933 年 5 月,任中国工农红军闽南游击队第二支队支队长,7 月任中国工农红军闽南游击队第二支队政委,9 月在青云楼事件中被捕,17 日在安溪县城凤冠山英勇就义。

傅有智烈士,又名傅友智,1911 年出生。安溪县蓬莱镇登山村人。早年就读于厦门同文中学,1929 年秋加入共青团,第二年夏加入中国共产党,负责同文书院共青团支部工作,成为共青团厦门市委的干部之一。1930 年,任厦门赤色总工会执委。7 月 25 日,参加"打盐关"时被捕入狱。7 月 31 日,在风雨交加的夜晚,敌人欲将傅有智和其他三位难友枪杀,傅有智虽身中 5 弹,幸而死里逃生,后从厦门返回安溪继续从事革命活动。1933 年,官桥区革命委员会(苏维埃政府)成立时,傅有智被选为主席。9 月,在青云楼事件中不幸被捕,17 日在安溪县城凤冠山英勇就义。

李实烈士,化名密雷,1910 年出生,海南万宁人。早年在海南参加革命活动。1932 年 3 月到安溪,历任中共安溪中心县委常委、秘书,《安溪红旗》等刊物总编,中共安溪中心县委军事委员会负责人等。1933 年 7 月,任中共安溪中心县委书记。9 月,在青云楼事件中被捕,17 日在安溪县城就义。

李世全烈士，1908 年出生，永春县达埔镇岩峰村人，是安南永德苏区重要军事领导骨干。1930 年秋，加入中国共产党，参加开辟安南永游击区的工作。1931 年 7 月，被派到漳州游击队学习军事。1932 年 4 月，任中共安溪县委委员，11 月，任中共安溪中心县委委员、闽南工农游击队第二支队副支队长。1933 年 7 月，任中国工农红军闽南游击队第二支队支队长，9 月在青云楼事件中被捕牺牲。

黄福廷烈士，又名黄智廷，1908 年出生，广东省高要县人。早年在国民党第十九路军任排长。1932 年，投奔红军游击队，不久被任命为闽南工农游击队第二支队军事教官。1933 年春，加入中国共产党。5 月，被任命为中国工农红军闽南游击队第二支队第二大队大队长。1933 年 7 月，被任命为中国工农红军闽南游击队第二支队副支队长兼第二大队大队长，9 月，在青云楼事件中不幸被捕。在狱中受尽种种折磨，面对酷刑始终坚贞不屈，直至壮烈牺牲。

唐光华烈士，1910 年出生，福建省上杭县人，中国工农红军闽南游击队第二支队政治部宣传科长。1933 年 9 月 17 日，在安溪县英勇就义。

骆招全烈士，福建省惠安县人，中国工农红军闽南游击队第二支队小队长。1933 年 9 月，在青云楼事件中被捕，后绝食牺牲。

陈银烈士，1912 年出生，中国工农红军闽南游击队第二支队小队长。1933 年 9 月，在"青云楼事件"中被捕牺牲。

李兴连烈士，中国工农红军闽南游击队第二支队小队长。1933 年 9 月，在青云楼事件中被捕牺牲。

小马烈士，中共安溪中心县委干部。1933 年 9 月，在"青云楼事件"中被捕牺牲。

易三多烈士，1910 年出生，安溪县魁斗镇人，中国工农红军闽南游击队第二支队队员，1933 年 9 月，在青云楼事件中被捕牺牲。

肖宝林烈士，1905 年出生，中国工农红军闽南游击队第二支队队员。1933 年 9 月，在温泉青云楼事件中被捕牺牲。

凤冠山革命烈士纪念碑于 1985 年 10 月被安溪县人民政府公布为安溪县第一批文物保护单位。1996 年 3 月，被中共泉州市委、泉州市人民政府公布为泉州市首批爱国主义教育基地。2021 年 3 月，被福建省文物局公布为福建省第一批革命文物。2021 年 5 月，被中共泉州市委党史学习教育领导小组办公室公布为泉州市党史学习教育参观学习点。2021 年 6 月，被泉州市委党史和地方志研究室公布为泉州市第三批党史教育基地。

南山宫革命烈士纪念碑

南山宫革命烈士纪念碑位于城厢镇涝港村南山宫。

2013年12月，为做好零散烈士纪念设施抢救保护工作，安溪县人民政府在城厢镇涝港村南山宫山上动工兴建革命烈士纪念碑，集中安葬谢玉仁等51名烈士，其中无名烈士5名。2014年2月竣工。纪念碑身高4.5米，正面镌刻有"革命烈士纪念碑"7个大字，基座镌刻着革命烈士英名录。后又陆续迁入王有地等7名烈士。现集中安葬58名烈士。

南山宫革命烈士纪念碑占地面积350平方米，保护面积350平方米。

南山宫革命烈士纪念碑

许敬阳烈士墓

许敬阳烈士墓位于城厢镇码头村顶码溪西豆仔山。

许敬阳烈士，又名许阳，安溪人，1905 年出生。土地革命战争时期，曾任安南永赤卫队小队长。1934 年 1 月，在城厢参山执行任务时被伪民团抓捕牺牲。

许敬阳烈士墓占地面积 30 平方米，保护面积 30 平方米。

许敬阳烈士墓

许梯烈士墓

　　许梯烈士墓位于安溪县城厢镇码头村顶码角落。

　　许梯烈士，安溪县城厢镇码头村人，1907 年出生。土地革命战争时期，曾任兴口乡抗租委员会委员。1933 年 3 月，被本乡地痞告密，在家中被伪军围捕押至蓬莱圩杀害。

　　许梯烈士墓占地面积 40 平方米，保护面积 40 平方米。

许梯烈士墓

叶文霸烈士墓

叶文霸烈士墓位于安溪县参内镇参山村。

叶文霸烈士，安溪县参内镇参山村人。1921年生于缅甸仰光，1936年回国，1940年参加革命斗争，任安南边区特派员。1943年8月，在凤城祥云渡被国民党警察搜捕，后被送至三元梅列集中营秘密杀害。

叶文霸烈士墓建于1981年，占地面积60平方米，保护面积80平方米。

叶文霸烈士墓

红色印迹

安溪县革命遗址及新建纪念设施

黄则祖等烈士墓

黄则祖等烈士墓位于参内镇参岭亭崎仑，是黄则祖、朱丁、黄明忠、袁法南、陈升启、纪国栋、刘昌义等七位烈士合葬墓。

黄则祖烈士，安溪县参内镇祐水村（现美塘村）石董人，1903年11月生。1932年参加革命斗争，加入赤卫队，任共青团金淘区委干部，参加安（溪）南（安）永（春）德（化）苏区的土地革命斗争和反"清剿"游击战争。1934年12月，在镇抚乡反"清剿"斗争中为掩护其他同志撤退被俘，同年12月27日壮烈牺牲。

朱丁烈士，安溪县人，1911年出生。曾任安溪红旗社工作人员，1934年9月，在参内镇马坑村执行任务中被民团包围，在突围中牺牲。

陈升启烈士，江苏省宿迁市泗洪县人，1915年出生。生前职务参谋，1949年在福建牺牲，事迹不详。

纪国栋烈士，山东省东营市利津县人，1920年11月出生。生前职务排长，立过二、三、四等功各一次，1951年5月牺牲在安溪县。

黄明忠烈士，安溪县人，1901年出生。生前职务参山赤卫队副队长，1934年5月，在参内镇参山配合游击队围杀反动民团团长未遂，第二天在家被围捕杀害。

袁法南、刘昌义等2位烈士信息不详。

黄则祖等烈士墓建于1964年，占地面积40平方米，保护面积40平方米。

黄则祖等烈士墓

王屋烈士墓

　　王屋烈士墓位于安溪县参内镇镇东村下坂仑。

　　王屋烈士，安溪县参内镇镇东村人，1907年出生。1946年参加革命，任游击队员。1947年在许集美等同志带领下进行的游击战争中，由于叛徒告密，王屋同志于3月在镇抚被国民党警察围捕，押至镇抚古书安仑杀害，葬于镇东村彭殊牛路。

　　王屋烈士墓建于20世纪70年代，占地面积50平方米，保护面积100平方米。后为方便镇东学校学生祭扫迁至现址，2009年春重修。

王屋烈士墓

郭节烈士纪念碑

郭节烈士纪念碑位于安溪县魁斗镇佛仔格村佛仔格角落。

郭节烈士，原名郭云浓，安溪县魁斗镇佛仔格村人，1906 年出生。是土地革命战争时期安南永德边区党组织和革命武装的创始人之一。少年时代随亲属往马来亚谋生，土地革命战争时期回国走上革命道路。1929 年参加共青团，1930 年 4 月加入中国共产党，以教书为掩护进行革命活动。成立佛仔格农民武装时，任佛仔格游击队队长。1930 年秋任中共佛仔格支部书记。1930 年冬中共安南永特区委员会成立，任宣传委员。1931 年 12 月中共安南永临时县委成立，任委员。1932 年年初在带领群众反抗民团的斗争中被捕，4 月 24 日在安溪县城英勇就义，年仅 26 岁。

郭节烈士纪念碑占地面积 30 平方米，保护面积 300 平方米。

郭节烈士纪念碑由中共安溪县委、县人民政府于 1993 年拨款建立，并公布为安溪县革命传统和爱国主义教育基地。2021 年 3 月，被福建省文物局公布为福建省第一批革命文物。

113

郭节烈士纪念碑

凤山村革命烈士墓

凤山村革命烈士墓位于安溪县魁斗镇凤山村。

土地革命战争时期，凤山村是安南永德苏区的主要根据地之一，是安溪的老区基点村。为纪念土地革命战争时期牺牲的红二支队第二大队大队长林壁及肖宝林、张青山、林红城等烈士，1979 年 7 月建此墓。

林壁烈士，1911 年出生。1932 年参加革命，任中国工农红军闽南游击队第二支队第二大队大队长，善于带兵，英勇善战。1935 年 3 月 26 日在永春达埔战斗中受伤，于洋头山养伤时被敌杀害。

肖宝林烈士，1905 年出生。任中国工农红军闽南游击队第二支队队员，1933 年 9 月 12 日在温泉青云楼事件中被捕牺牲。

林红城烈士，1914 年出生。任中国工农红军闽南游击队第二支队队员，1934 年 7 月 26 日，在贞洋与县保御团谢辑熙部战斗中牺牲。

陈水龙烈士，1916 年出生。任中国工农红军闽南游击队第二支队队员，1935 年 5 月，在围攻金谷源口山角尾战斗中负伤，秘密转移到湖头郭埔地下交通员林亮家中治疗时被反动民团捕杀。

张青山烈士，出生年月不详。1932 年参加革命，任中国工农红军闽南游击队第二支队队员，1934 年 7 月 26 日，在魁斗贞洋攻打县保御团谢辑熙部战斗中牺牲。

凤山村革命烈士墓占地面积 15 平方米，保护面积 20 平方米。

凤山村革命烈士墓

易泮水、易团练烈士碑

　　易泮水、易团练烈士碑位于安溪县魁斗镇钟山村。

　　易泮水烈士，安溪县魁斗镇钟山村人，1909 年 1 月出生，闽南工农游击队第二支队队员。1930 年 2 月，在安溪县贞洋围攻匪军陈才方战斗中牺牲。

　　易团练烈士，1915 年 2 月出生，中国工农红军闽南游击队第二支队队员。1933 年 5 月，在永春县达埔乡执行任务时被伪检查哨盘问时暴露身份，被国民党第十九路军包围，在战斗中牺牲。

　　易泮水、易团练烈士碑占地面积 16 平方米，保护面积 100 平方米。

易泮水、易团练烈士碑

陈冬棉烈士墓

陈冬棉烈士墓位于魁斗镇奇观村。

陈冬棉烈士，安溪县魁斗镇奇观村人，1907年出生。安南永德苏维埃官彭区奇观乡农会主席，1935年6月11日被国民党军队逮捕，同年6月26日被杀害于蓬莱案山。

陈冬棉烈士墓占地面积80平方米，保护面积100平方米。

陈冬棉烈士墓

陈火烈士墓

　　陈火烈士墓位于安溪县魁斗镇奇观村。

　　陈火烈士，安溪县魁斗镇奇观村人，1905 年 12 月出生。任奇观乡农会会员，1933 年 10 月，在奇观村执行任务被伪民团发现包围，因拒捕而牺牲。

　　陈火烈士墓占地面积 85 平方米，保护面积 110 平方米。

陈火烈士墓

林良烈士墓

　　林良烈士墓位于安溪县魁斗镇奇观村。

　　林良烈士，安溪县魁斗镇奇观村人，1909年出生，地下交通员。1935年1月，在家中被叛徒带国民党军围捕，押至县城遇害。

　　林良烈士墓占地面积50平方米，保护面积70平方米。

林良烈士墓

易味烈士墓

易味烈士墓位于安溪县魁斗镇佛仔格村。

易味烈士,安溪县魁斗镇佛仔格村人,1879年5月出生,是中共厦门中心市委往返安南永德苏区地下交通员。1934年10月,中共厦门中心市委派交通员来家联系时被告密,反动民团派兵围捕,因拒捕而牺牲。

易味烈士墓占地面积50平方米,保护面积50平方米。

易味烈士墓

◎ 蓬莱镇

福山村革命烈士纪念碑

福山村革命烈士纪念碑位于安溪县蓬莱镇福山村水尾。

1933 年 9 月，青云楼事件发生后，许多地区的斗争力量遭到严重摧残。10 月 14 日，林敬芳民团抓捕并在安溪县城杀害福山乡农会主席林崩，福山乡赤卫队员林咪、林山、林约四兄弟及林谅、林联、林成苍、林星、林八共 9 人。为纪念这 9 位革命烈士，1986 年建立此纪念碑。

福山革命烈士纪念碑占地面积 85 平方米，保护面积 300 平方米。

福山村革命烈士纪念碑

上东村老区烈士墓

上东村老区烈士墓位于安溪县蓬莱镇上东村弯宫林（水美宫外）。

傅芙蓉、胡玉书、胡元钟3位革命烈士葬于此处。其中，傅芙蓉，女，安溪县蓬莱镇上东村人，1910年出生。1932年3月入伍，曾任官桥区妇女会主席。1933年8月16日在岭美闪洋格遭民团抓捕并在彭圩被杀害。1956年12月，安溪县人民政府为纪念傅芙蓉等革命烈士，修建此墓。

上东村老区烈士墓占地面积120平方米，保护面积300平方米。

上东村老区烈士墓

刘金城烈士墓

刘金城烈士墓位于安溪县蓬莱镇鹤前村半岭亭。

刘金城，安溪县蓬莱镇鹤前村人，1904 年出生。1931 年 2 月加入游击队，任班长。1933 年在金谷镇东溪龙坑与民团战斗中牺牲。

刘金城烈士墓占地面积 110 平方米，保护面积 300 平方米。

刘金城烈士墓

李（建）墙烈士墓

　　李（建）墙烈士墓位于安溪县蓬莱镇鸿福村邦巷头。

　　李（建）墙，安溪县蓬莱镇鸿福村人，1908 年出生。1931 年 4 月加入赤卫队，任鸿山乡赤卫队队长。1933 年 3 月，在鸿福后墘被张仲明民团围捕杀害。为纪念烈士，1979 年修建此墓纪念。

　　李（建）墙烈士墓占地面积 60 平方米，保护面积 150 平方米。

李（建）墙烈士墓

傅伯（油）坚烈士墓

　　傅伯（油）坚烈士墓位于安溪县蓬莱镇登山村田格角落。

　　傅伯（油）坚，安溪县蓬莱镇登山村人，1883 年出生。1932 年加入赤卫队，任鸿山乡赤卫队队长，1933 年 7 月 1 日在官桥赤岭被林敬芳民团捕杀。

　　傅伯（油）坚烈士墓占地面积 105 平方米，保护面积 150 平方米。

傅伯（油）坚烈士墓

林（金）瓶烈士墓

　　林（金）瓶烈士墓位于安溪县蓬莱镇彭格村西山。

　　林（金）瓶，安溪县蓬莱镇彭格村人，1914 年出生。1933 年加入中国工农红军闽南游击队第二支队，任班长。1934 年 2 月，在南安高田与国民党军队战斗中牺牲。1956 年修建此墓纪念。

　　林（金）瓶烈士墓占地面积 50 平方米，保护面积 150 平方米。

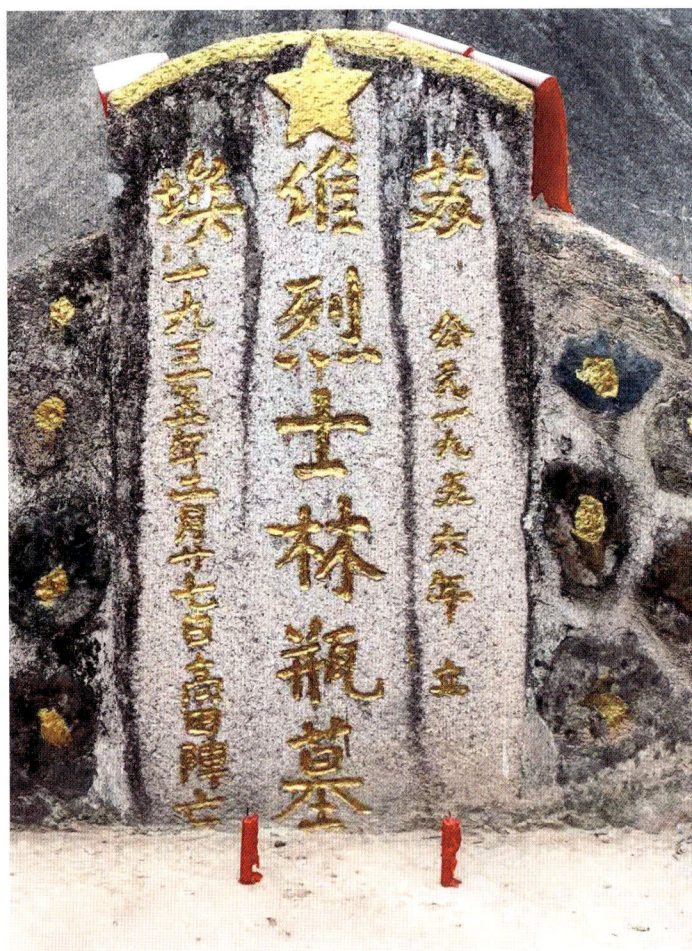

林（金）瓶烈士墓

陈天裕烈士墓

　　陈天裕烈士墓位于安溪县蓬莱镇彭格村湖仔角落。

　　陈天裕，安溪县蓬莱镇彭格村人，1924 年出生。1947 年参加革命，共产党员。1950 年 1 月 15 日，在彭格执行任务时被匪徒杀害。

　　陈天裕烈士墓占地面积 40 平方米，保护面积 60 平方米。

陈天裕烈士墓

陈水俊烈士墓

陈水俊烈士墓位于安溪县蓬莱镇新坂村。

陈水俊烈士，安溪县蓬莱镇新坂村人，1911 年 7 月出生，闽南工农游击队第二支队队员。1932 年 1 月 28 日，在蓬莱坂上被 19 路军围捕，1933 年 10 月 12 日，被杀害于县城凤髻山。

陈水俊烈士墓占地面积 12.8 平方米，保护面积 15 平方米。

陈水俊烈士墓

张（培）添烈士墓

　　张（培）添烈士墓位于安溪县蓬莱镇岭美村大坪尾。

　　张（培）添烈士，安溪县蓬莱镇岭美村人，1887年3月出生。1931年8月加入游击队，闽南工农游击队第二支队队员。1932年5月6日，在岭美闪洋格被反动民团捕杀牺牲。

　　张（培）添烈士墓占地面积80平方米，保护面积200平方米。

张（培）添烈士墓

胡玉椴（掇）烈士墓

胡玉椴（掇）烈士墓位于安溪县蓬莱镇寮海村。

胡玉椴（掇）烈士，安溪县蓬莱镇寮海人，1912年出生，上智乡农会主席。1933年11月27日，在蓬莱温泉执行任务时被反动民团发觉，在战斗中撤退隐藏家中，被捕送监狱遇难。

胡玉椴（掇）烈士墓占地面积20平方米，保护面积30平方米。

胡玉椴（掇）烈士墓

曾根灿烈士墓

曾根灿烈士墓位于安溪县蓬莱镇温泉村浅安。

曾根灿烈士，安溪县蓬莱镇温泉人，1911 年出生。1932 年参加革命，任温泉乡农会会员。1935 年 5 月，在温泉与民团战斗中牺牲。

曾根灿烈士墓占地面积 60 平方米，保护面积 300 平方米。

曾根灿烈士墓

东溪革命烈士纪念碑

东溪革命烈士纪念碑位于安溪县金谷镇深洋村。

东溪地处安溪、南安、永春三县交界处，是土地革命战争时期安南永德四县革命斗争的中心区域之一。早在1927年，东溪以陈体、陈仲琪等为代表的进步青年就秘密组织农民协会和赤卫队，领导农民开展抗租税、打土豪的革命斗争。1929年夏初建立安溪第一个党团支部——中共东溪党团支部，陈体任党团支部书记。同年冬，党团组织分开，陈仲琪任党支部书记。1930年秋，以东溪和佛仔格农民武装为主体，建立安溪游击队。同年冬，成立中共安南永特区委。1933年8月，成立安南永德苏维埃政府。在长期的斗争中，东溪有数十名优秀儿女为革命壮烈牺牲。

陈体烈士，字孝山，安溪县金谷镇人，1894年生。1928年5月入党，为安溪有史料记载的第一位中共党员。曾任东溪党团支部书记、安溪游击队副队长、抗租分田委员会主任、安南永德苏维埃政府土地部部长。1934年3月被捕牺牲。

陈仲琪烈士，又名陈传黎，安溪金谷人，1909年生。1929年3月加入中国共产党，是安溪有史料记载的第一位共产党支部书记（中共东溪支部）。先后任中共安南永特区委组织委员、东溪区委书记，安南永德苏维埃政府副主席。1935年3月12日，在苏坑与国民党第九师二十六旅战斗中被捕，同年4月26日在安溪县城就义。

陈金銮烈士，安溪县金谷镇人，1912年出生。1932年加入共青团。曾任共青团安溪中心县委委员、共青团安溪中心县委组织部长。1935年8月，在永春圳古遭敌人袭击。脱险后，辗转到达安溪与永春交界的磨石坑时，又遭民团的袭击，在战斗中不幸中弹，壮烈牺牲。

林齐烈士，安溪县金谷镇人，1904年出生，曾任中国工农红军闽南游击队第二支队队员、安南永德苏维埃政府农会主任。1934年6月2日，在永春达埔乡执行任务时被反动民团围捕而牺牲。

陈参赞烈士，安溪县金谷镇人，1903年出生。中国工农红军闽南游击队第二支队队长，1933年，在永春县磨石坑水尾从事革命活动时被十九陆军和民团包围，在突围中牺牲。

林奈烈士，安溪县金谷镇人，1911年出生，漳州红三团游击队班长。1935年，在平和县攻打民团斗争中牺牲。

陈阿贵烈士，安溪县金谷镇人，1913年出生，中国工农红军闽南游击队第二支队队员。1934年10月3日，在永春县磨石坑水尾从事革命活动时被十九陆军和民团包围，在突围中牺牲。

陈清沛烈士，安溪县金谷镇人，1913年出生，中国工农红军闽南游击队第二支队队员。1934年，在南安被反动民团陈维金围捕杀害。

陈（金）煌烈士，安溪县金谷镇人，1909年出生，中国工农红军闽南游击队第二支队队员。1934年11月6日，在东溪被反动民团抓博，遭酷刑而牺牲。

陈芳萍烈士，安溪县金谷镇人，1912年出生，中国工农红军闽南游击队第二支队队员。1935年，因养病在永春县陈庄村群众谷柜内被反动民团搜捕杀害。

东溪革命烈士纪念碑由石头砌成，分为碑座、碑身、碑顶三部分，碑身又分为两部分，上部刻有"革命烈士永垂不朽"，下部刻着烈士英名。1992年，东溪革命烈士纪念碑经中共安溪县委、县人民政府批准建造，占地面积110平方米，保护面积200平方米。

东溪革命烈士纪念碑

景坑村革命烈士纪念碑

景坑村革命烈士纪念碑位于安溪县金谷镇景坑村。

土地革命战争时期，景坑村是安南永边区一个重要的后方根据地。2016年，为了纪念李再生等革命先烈事迹，建立此碑。

李再生烈士，安溪人，1913年4月出生，蓬莱区芸美乡农会会员。1933年，因地下印刷机关设在家中被伪民团发现，在围捕中牺牲。

李英对烈士，安溪人，1887年出生，芸美乡抗租委员交通员。1935年6月，因叛徒出卖，在芸美大坪头被捕，被押送至漳州囚禁，安葬地漳州大沙坡。

陈五味烈士，安溪人，1908年5月出生，中国工农红军闽南游击队第二支队队员。1933年，在魁斗佛仔格从事地下活动时被伪民团包围，在战斗中牺牲。

陈运烈士，安溪人，1913年出生，交通员，中国工农红军闽南游击队第二支队队员。1934年2月14日，在魁斗溪山从事地下活动时被民团围捕而牺牲。

陈金貌烈士，安溪人，1907年出生，蓬莱区芸美乡农会土豪队副队长。1934年8月14日，在金谷芸美与民团作战撤退时被捕杀。

郑雍烈士，安溪人，1909年10月出生，蓬莱区芸美乡农会土豪队副队长。1935年7月1日，在金谷芸美被叛徒告密，被民团捕送县监狱杀害。

温服烈士，安溪人，1902年5月出生，蓬莱区芸美乡农会主席。1935年7月1日，在金谷芸美被叛徒告密，被民团捕送县监狱杀害。

景坑村革命烈士纪念碑占地面积300平方米，保护面积500平方米。

景坑村革命烈士纪念碑

李再生、郑雍（央）烈士墓

李再生、郑雍（央）烈士墓位于安溪县金谷镇芸美村。

李再生，安溪县金谷镇芸美村人，1913年4月出生。1932年参加农会，任芸美乡农会会员。1933年8月，因设在其家的县委印刷机关遭破坏而被捕杀害。

郑雍（央），安溪县金谷镇芸美村人，1909年10月出生。1932年参加革命，任芸美乡土豪队副队长。1934年4月，在芸美遭民团伏击牺牲。1984年，建此墓以纪念。

李再生、郑雍（央）烈士墓占地面积40平方米，保护面积100平方米。

李再生、郑雍（央）烈士墓

刘由烈士墓

刘由烈士墓位于安溪县金谷镇元口村。

刘由烈士，安溪县金谷镇元口村人，1906 年出生。1930 年参加农会和赤卫队，1932年加入中国共产党，先后任中国工农红军闽南游击队第二支队第二、第三、第五大队大队长，善于带兵，英勇善战，是安南永德苏区游击队主要骨干。1933 年 10 月，任中共安溪中心县委委员。1935 年，任中共安溪中心县委执委。1935 年 12 月 23 日，在白濑被叛徒勾结土匪杀害。

刘由烈士墓建于 1957 年，占地面积 30 平方米，保护面积 80 平方米。

刘由烈士墓

林生烈士墓

林生烈士墓位于安溪县金谷镇丽山村。

林生烈士，安溪县金谷镇丽山村人，1903年出生。1931年6月参加革命，任中共安溪中心县委委员，1933年6月10日，在金谷街被民团捕送县监狱后遭杀害。

林生烈士墓建于1990年，占地面积20平方米，保护面积50平方米。

林生烈士墓

林用烈士墓

　　林用烈士墓位于安溪县金谷镇丽山村。

　　林用烈士，安溪县金谷镇元口村人，1892年出生。1931年3月参加革命，任元口乡农会会员。1934年3月，在抬送伤员往蓬莱延坑途中被李振芳民团围捕而牺牲。

　　林用烈士墓占地面积30平方米，保护面积80平方米。

林用烈士墓

余有进烈士墓

余有进烈士墓位于安溪县金谷镇五社村。

余有进烈士，安溪县金谷镇五社村人，1908 年出生。1931 年 7 月参加革命，任中共黄口区委委员，1934 年 9 月因地痞告密，在五社遭民团包围，在突围中牺牲。1957 年建此墓以纪念。

余有进烈士墓占地面积 30 平方米，保护面积 100 平方米。

余有进烈士墓

蔡坤（昆）烈士墓

蔡坤（昆）烈士墓位于安溪县金谷镇金山村。

蔡坤（昆）烈士，安溪县金谷镇金山村人，1909 年出生。1932 年参加游击队，任中国工农红军闽南游击队第二支队队员。1935 年 2 月，在金谷望云山看守土豪时被陈维金部劫捕遇害。

蔡坤（昆）烈士墓建于 1958 年，占地面积 20 平方米，保护面积 80 平方米。

蔡坤（昆）烈士墓

叶石烈士墓

叶石烈士墓位于安溪县金谷镇三元村。

叶石烈士，安溪县金谷镇三元村人，1913 年出生。1932 年 1 月参加游击队，任中国工农红军闽南游击队第二支队班长。1934 年 1 月 10 日，在金东土桥与民团战斗中牺牲。1980 年建此墓以纪念。

叶石烈士墓占地面积 20 平方米，保护面积 50 平方米。

叶石烈士墓

傅九藤烈士墓

　　傅九藤烈士墓位于安溪县金谷镇洋内村。

　　傅九藤烈士，安溪县金谷镇洋内村人，1901 年 2 月出生。1932 年参加革命，任洋内乡抗租委员、赤卫队员。1933 年 6 月，在湖头过溪被国民党第十九路军捕杀。

　　傅九藤烈士墓占地面积 20 平方米，保护面积 30 平方米。

傅九藤烈士墓

傅塔烈士墓

　　傅塔烈士墓位于安溪县金谷镇洋内村。

　　傅塔烈士，安溪县金谷镇洋内村人，1892 年出生。1932 年 5 月参加革命，任元口乡农会主席。1933 年 6 月，在湖头过溪被国民党第十九路军捕杀。

　　傅塔烈士墓占地面积 20 平方米，保护面积 30 平方米。

傅塔烈士墓

张石烈士墓

张石烈士墓位于安溪县金谷镇元口村。

张石烈士，安溪县金谷镇元口村人，1913 年出生。1932 年 7 月参加革命，任中国工农红军闽南游击队第二支队班长。1934 年 9 月 11 日，在南安高田苦湖战斗中牺牲。1957 年建此墓以纪念。

张石烈士墓占地面积 40 平方米，保护面积 80 平方米。

张石烈士墓

傅天枢烈士墓

　　傅天枢烈士墓位于安溪县金谷镇洋内村。

　　傅天枢烈士，安溪县金谷镇洋内村人，1899年2月16日出生。安南永德苏维埃政府元口洋内乡抗租委员、赤卫队员。1933年5月18日，遭国民党第十九路军围捕，被杀害于湖头过溪。

　　傅天枢烈士墓占地面积40平方米，保护面积40平方米。

傅天枢烈士墓

林添丁烈士墓

林添丁烈士墓位于安溪县金谷镇丽山村。

林添丁烈士，安溪县金谷镇丽山村人，1915年出生，闽南工农游击队第二支队队员。1932年3月2日，在蓬莱联中执行任务时被国民党第十九路军围捕，送县城东岳山杀害。

林添丁烈士墓占地面积80平方米，保护面积80平方米。

林添丁烈士墓

林齐（清）烈士墓

林齐（清）烈士墓位于安溪县金谷镇深洋村。

林齐（清）烈士，安溪县金谷镇深洋村人，1904 年出生，中国工农红军闽南游击队第二支队队员，安南永德苏维埃政府农会主席。1934 年 6 月，在永春达埔乡执行任务时被反动民团围捕而牺牲。

林齐（清）烈士墓占地面积 80 平方米，保护面积 80 平方米。

林齐（清）烈士墓

江汉烈士墓

　　江汉烈士墓位于安溪县金谷镇大演村。

　　江汉烈士，安溪县金谷镇大演村人，1903 年出生，蓬莱区元口乡农会副主席。1933 年 12 月，在金谷大演开展地下活动时被土匪暗杀。

　　江汉烈士墓占地面积 20 平方米，保护面积 20 平方米。

江汉烈士墓

沈日春烈士墓

沈日春烈士墓位于安溪县金谷镇山岭村。

沈日春烈士，安溪县金谷镇山岭村人，1912 年出生，中国工农红军闽南游击队第二支队第三大队指导员。1935 年 4 月 2 日，在尚卿中兴山头开展地下革命工作时因地痞告密被国民党军队包围，在战斗中牺牲。

沈日春烈士墓占地面积 13 平方米，保护面积 13 平方米。

沈日春烈士墓

陈和平烈士墓

陈和平烈士墓位于安溪县金谷镇美洋村水尾。

陈和平烈士，安溪县金谷镇金谷东溪人，1949年出生。1970年参军，是解放军空军某部队战士。1972年3月1日，在云南省陆良县执行任务中牺牲。

陈和平烈士墓占地面积30平方米，保护面积30平方米。

陈和平烈士墓

陈芳榜（萍）烈士墓

陈芳榜（萍）烈士墓位于金谷镇美洋村。

陈芳榜（萍）烈士，安溪县金谷镇深洋村人，1912 年 7 月出生，中国工农红军闽南游击队第二支队队员。1935 年，在永春县陈庄村群众谷柜内养病，不幸被反动民团搜捕杀害。

陈芳榜（萍）烈士墓占地面积 35 平方米，保护面积 35 平方米。

陈芳榜（萍）烈士墓

◎ 湖头镇

苏铁烈士墓

苏铁烈士墓位于安溪县湖头镇溪美村。

苏铁烈士，安溪县湖头镇溪美村人，1926 年出生。1949 年 4 月参加革命，系"八支四团"战士。1949 年 6 月 19 日，在登贤宗峰攻打保二团战斗中牺牲。1956 年建此墓以纪念。

苏铁烈士墓原占地面积 20 平方米，保护面积 50 平方米，因山体滑坡深埋。

苏铁烈士墓

151

第二章 烈士墓（纪念碑）

◎ 剑斗镇

郑水龙烈士墓

郑水龙烈士墓位于安溪县剑斗镇御屏村虎坪仑山。

郑水龙烈士，安溪县剑斗镇御屏人，1918 年出生，原御屏大队护林员。1968 年 4 月 21 日，在御屏执行护林任务中，被歹徒杀害。

郑水龙烈士墓占地面积 25 平方米，保护面积 220 平方米。

郑水龙烈士墓

肖朝枝烈士墓

肖朝枝烈士墓位于安溪县桃舟乡达新村。

肖朝枝烈士，安溪县桃舟乡达新村人，1920年出生。1949年5月参加革命，任达新乡民兵队副中队长。1950年5月27日，遭匪徒枪杀于桃舟圩。

肖朝枝烈士墓占地面积32平方米，保护面积32平方米。

肖朝枝烈士墓

肖珍胃烈士墓

肖珍胃烈士墓位于安溪县桃舟乡达新村水尾。

肖珍胃烈士，安溪县桃舟乡达新村人，1927 年 8 月出生。1950 年 5 月参加革命，任达新乡民兵中队长。1950 年 5 月 27 日，遭匪徒枪杀于桃舟圩。

肖珍胃烈士墓占地面积 31 平方米，保护面积 31 平方米。

肖珍胃烈士墓

苏作贵烈士墓

苏作贵烈士墓位于安溪县桃舟乡桃舟村下洋溪尾。

苏作贵烈士，安溪县桃舟乡桃舟村人，1912 年出生。1949 年 5 月参加革命，任桃舟乡民兵队队长。1951 年 3 月 13 日，在桃舟溪尾为截击残匪于搏斗中牺牲。

苏作贵烈士墓占地面积 30 平方米，保护面积 30 平方米。

苏作贵烈士墓

◎ 福田乡

于益善烈士墓

　　于益善烈士墓位于安溪县福田乡福前社区郭埔角落岭头尾山。

　　于益善烈士，山东省乳山市人，1930 年 5 月出生，中国人民解放军空军某部领航队长。1960 年 6 月 27 日，在安溪县福田乡郭埔村空军战斗训练中不幸牺牲。

　　于益善烈士墓占地面积 36 平方米，保护面积 36 平方米。

于益善烈士墓

王文枝烈士墓

王文枝烈士墓位于安溪县长卿镇文坪村庵尾山。

王文枝烈士，安溪县长卿镇大坪村人，1960年出生，沈阳军区某部排长。1986年6月，执行公务时因汽车刹车失灵，挺身立于车门，疾呼过往行人闪避而牺牲。

王文枝烈士墓占地面积30平方米，保护面积30平方米。

王文枝烈士墓

王宾烈士墓

　　王宾烈士墓位于安溪县长卿镇长坑村。

　　王宾烈士，安溪县长卿镇长坑村人，1905年出生，闽粤赣边纵第八支队第四团十二连队员。1949年5月5日，在湖上飞新碑湖围剿伪保二团战斗中牺牲。

　　王宾烈士墓占地面积57平方米，保护面积100平方米。

王宾烈士墓

陈交全烈士墓

　　陈交全烈士墓位于安溪县长卿镇南斗村后头寨。

　　陈交全烈士，安溪县长卿镇南斗村人，1945年出生。1965年12月参军，在解放军三十一军二七二团六连任战士。1968年8月21日，在漳州训练中牺牲。

　　陈交全烈士墓占地面积50平方米，保护面积50平方米。

陈交全烈士墓

苏实烈士墓

苏实烈士墓位于安溪县长卿镇衡阳村。

苏实烈士，安溪县长卿镇衡阳村人，1925年出生。闽粤赣边纵第八支队第四团十二连队员。1949年6月20日，在湖头湖四七寨山围剿伪保二团战斗中牺牲。

苏实烈士墓占地面积60平方米，保护面积60平方米。

苏实烈士墓

苏抓生烈士墓

苏抓生烈士墓位于安溪县长卿镇衡阳村。

苏抓生烈士，安溪县长卿镇衡阳村人，1918年1月出生，闽粤赣边纵第八支队第四团十二连队员。1949年6月20日，在湖头湖四七寨山围剿伪保二团战斗中牺牲。

苏抓生烈士墓占地面积60平方米，保护面积60平方米。

苏抓生烈士墓

苏讲烈士墓

苏讲烈士墓位于安溪县长卿镇山格村宫仔山。

苏讲烈士，安溪县长卿镇月眉村人，1921 出生，"钢铁游击队"队员。1949 年 7 月 14 日，在科名与保安二团战斗中负重伤。1950 年 4 月 12 日，因伤口复发死亡。

苏讲烈士墓占地面积 20 平方米，保护面积 20 平方米。

苏讲烈士墓

李有情烈士墓

李有情烈士墓位于安溪县蓝田乡进德村下圳角落。

李有情，安溪县蓝田乡进德村人，1922年8月生。1949年3月参加抗征队。1949年4月14日，在暗坑岭伏击县自卫大队战斗中牺牲。

李有情烈士墓占地面积30平方米，保护面积30平方米。

李有情烈士墓

郑万允烈士墓

郑万允烈士墓位于安溪县蓝田乡益岭村。

郑万允烈士，安溪县蓝田乡益岭村人，1921 年出生，兰田乡副乡长。1951 年 9 月 17 日，为保卫兰二乡农会会址，被反动大刀会分子杀害。

郑万允烈士墓占地面积 30 平方米，保护面积 30 平方米。

郑万允烈士墓

吴春银、章志驱烈士墓

吴春银、章志驱烈士墓位于安溪县祥华乡祥华村。

吴春银、章志驱烈士，安溪县祥华乡祥华村人，中国人民解放军战士。1950年于祥华剿匪中牺牲。

吴春银、章志驱烈士墓占地面积100平方米，保护面积100平方米。

吴春银、章志驱烈士墓

林良男烈士墓

林良男烈士墓位于安溪县西坪镇西坪村潮内角落路坪头。

林良男烈士，安溪县西坪镇西坪村人，1916 年出生，闽粤赣边纵第八支队第四团十一连队员。1949 年 8 月 31 日，在官桥赤岭大路与伪军作战中牺牲。

林良男烈士墓占地面积 30 平方米，保护面积 40 平方米。

林良男烈士墓

肖瑞兴烈士墓

　　肖瑞兴烈士墓位于安溪县西坪镇宝山村六斗尾角落虎柏杉。

　　肖瑞兴烈士，安溪县西坪镇宝山村人，1949年出生，任解放军南昌警备区警通连战士。1972年7月27日，在南昌市军区司令部附近执行任务时不慎溺水牺牲。

　　肖瑞兴烈士墓占地面积40平方米，保护面积50平方米。

肖瑞兴烈士墓

叶丙烈士墓

叶丙烈士墓位于安溪县尚卿乡中兴村。

叶丙烈士，安溪县尚卿乡中兴村人，1883年出生，闽南工农游击队第二支队队员。1931年10月15日，在尚卿招坑侦察民团活动情况时被反动民团发觉，被捕送安溪县城杀害。

叶丙烈士墓占地面积50平方米，保护面积50平方米。

叶丙烈士墓

朱定烈士墓

朱定烈士墓位于安溪县尚卿乡中兴村。

朱定烈士，安溪县尚卿乡中山村人，1908 年出生，中国工农红军闽南游击队第二支队队员。1934 年 11 月，在蓬莱岩山从事地下活动时被民团包围，在战斗中牺牲。

朱定烈士墓占地面积 30 平方米，保护面积 30 平方米。

朱定烈士墓

朱松碧（柏）烈士墓

朱松碧（柏）烈士墓位于安溪县尚卿乡中山村。

朱松碧（柏）烈士又名朱山狗，安溪县尚卿乡中山村人，1880 年出生，中国工农红军闽南游击队第二支队交通员兼通信员。1934 年 4 月，在尚卿中兴被杀害。

朱松碧（柏）烈士墓占地面积 30 平方米，保护面积 30 平方米。

朱松碧（柏）烈士墓

◎ 芦田镇

陈比烈士墓

陈比烈士墓位于安溪县芦田镇福岭村。

陈比烈士，安溪县芦田镇福岭村人，1911 年出生，安溪人民游击大队队员，福岭乡民兵。1949 年 5 月 10 日，在配合游击队攻打县城凤髻山战斗中牺牲。

陈比烈士墓占地面积 60 平方米，保护面积 80 平方米。

陈比烈士墓

杨乳烈士墓

杨乳烈士墓位于安溪县芦田镇内地村。

杨乳烈士，安溪县芦田镇内地村人，1929年出生，闽粤赣边纵第八支队第四团十二连游击队队员。1949年7月10日，在官桥赤岭大路围剿伪军时在战斗中牺牲。

杨乳烈士墓占地面积26平方米，保护面积42平方米。

杨乳烈士墓

杨水井烈士墓

杨水井烈士墓位于安溪县芦田镇三洋村。

杨水井烈士，安溪县芦田镇三洋村人，1914年出生，闽粤赣边纵第八支队第四团十二连游击队队员。1949年8月31日，在官桥赤岭大路围剿国民党军队时在战斗中牺牲。

杨水井烈士墓占地面积36平方米，保护面积50平方米。

杨水井烈士墓

杨养朝烈士墓

杨养朝烈士墓位于安溪县芦田镇三洋村。

杨养朝烈士，安溪县芦田镇三洋村人，1918年出生，闽粤赣边纵第八支队第四团十二连队员。1949年8月31日，在官桥赤岭大路围剿国民党军的战斗中牺牲。

杨养朝烈士墓占地面积40平方米，保护面积56平方米。

杨养朝烈士墓

詹署烈士墓

詹署烈士墓位于安溪县芦田镇内地村内地林口。

詹署烈士，女，安溪县芦田镇内地村人，1947年1月出生。1990年12月17日，在内地村牛港仑山扑灭山火时，被山上滚落的木头砸中后脑，经抢救无效后牺牲。

詹署烈士墓占地面积15平方米，保护面积25平方米。

詹署烈士墓

◎ 龙涓乡

王其仁烈士墓

王其仁烈士墓位于安溪县龙涓乡举溪村双塔桥边。

王其仁烈士，江苏省原泗阳县人，1927 年出生。1950 年 7 月，在灶坪道林剿匪战斗中牺牲。

王其仁烈士墓占地面积 48 平方米，保护面积 48 平方米。

王其仁烈士墓

陈仕良烈士墓

陈仕良烈士墓位于安溪县龙涓乡新岭村下半岭。

陈仕良烈士，安溪县龙涓乡新岭村人，1926 年出生，龙溪县五区秘书。1950 年 11 月 10 日，在南靖县二区龙山剿匪战斗中牺牲。

陈仕良烈士墓占地面积 92 平方米，保护面积 92 平方米。

陈仕良烈士墓

陈天禄烈士墓

陈天禄烈士墓位于安溪县龙涓乡连祠村竹坑。

陈天禄烈士,安溪县龙涓乡庄灶村人,1927年出生,庄灶乡副乡长。1950年7月10日,在前往龙涓下洋途中在碧岭大队猫尾坑林被匪特截捕,被害于龙坑仔寨。

陈天禄烈士墓占地面积20平方米,保护面积20平方米。

陈天禄烈士墓

陈荣巧烈士墓

陈荣巧烈士墓位于安溪县龙涓乡连祠村茅湖乌坑尖。

陈荣巧烈士，安溪县龙涓乡连祠村人，1912 年出生。1948 年冬任茅湖村贫雇农小组负责人。1950 年 7 月 28 日被匪徒杀害于茅湖村。

陈荣巧烈士墓占地面积 20 平方米，保护面积 20 平方米。

陈荣巧烈士墓

李保（宝）兴烈士墓

　　李保（宝）兴烈士墓位于安溪县龙涓乡赤片村赤墘。

　　李保（宝）兴烈士，安溪县龙涓乡赤片村人，1956年出生。1976年3月参军，在解放军某部队任副班长，共产党员。1979年8月27日，在江西吉安部队驻地附近溺水牺牲。

　　李保（宝）兴烈士墓占地面积20平方米，保护面积20平方米。

李保（宝）兴烈士墓

林金定烈士墓

林金定烈士墓位于安溪县虎邱镇美庄村大邱坪尾。

林金定烈士，安溪县虎邱镇美庄村人，支前民工。1949年12月在解放厦门战斗中牺牲。

林金定烈士墓占地面积40平方米，保护面积40平方米。

林金定烈士墓

碧二村革命烈士墓

碧二村革命烈士墓位于安溪县官桥镇碧二村慈恩院东侧。

为纪念土地革命战争时期碧二村牺牲的烈士郭顶、陈仪英、柯扁 3 位烈士，中共安溪县委、安溪县人民政府于 2001 年 4 月拨款兴建革命烈士墓。

郭顶烈士，福建安溪县官桥镇碧二村人，1906 年出生。1932 年参加革命，任官桥区碧山乡农会主席。1933 年 6 月，在家中被土匪捕至石寨子杀害。

陈仪英烈士，福建安溪县官桥镇碧二村人，1909 年出生。1933 年 4 月参加革命，系中国工农红军闽南游击队第二支队成员。1933 年 10 月 12 日，在院宅林被民团抓捕，在县城被杀害。

柯扁烈士，福建安溪县官桥镇碧二村人，1906 年出生。1930 年 8 月参加革命，任官桥区碧山乡赤卫队队长、农会主席。1935 年 8 月，在厦门被捕，在安溪县城监狱牺牲。

碧二村革命烈士墓占地面积 300 平方米，保护面积 700 平方米。

碧二村革命烈士墓

隋骏（俊）礼等烈士墓

隋骏（俊）礼等烈士墓位于安溪县官桥镇碧二村路坪。

隋骏（俊）礼、孙超、许桂香，均为山东省淄博市博山区人。隋骏（俊）礼 1926 年出生，孙超 1929 年出生，许桂香 1929 年出生，均于 1951 年 4 月牺牲。

隋骏（俊）礼等烈士墓占地面积 30 平方米，保护面积 30 平方米。

隋骏（俊）礼等烈士墓

钟志柴等烈士墓

钟志柴等烈士墓位于安溪县官桥镇善坛村。

钟志柴烈士，畲族，安溪县官桥镇善坛村人，1921 年 10 月出生，闽粤赣边纵队第八支队第四团十二连班长。1949 年 7 月 8 日，在赤岭与新五军、保二团战斗中牺牲

钟铭雅烈士，畲族，安溪县官桥镇善坛村人，1925 年 5 月出生，闽粤赣边纵队第八支队第四团十二连战士。1949 年 8 月 31 日，在赤岭与新五军、保二团战斗中牺牲。

钟铭雄烈士，畲族，安溪县官桥镇善坛村人，1924 年 6 月出生，闽粤赣边纵队第八支队第四团十二连战士。1949 年 8 月 31 日，在赤岭与新五军、保二团战斗中牺牲。

钟志柴等烈士墓占地面积 88 平方米，保护面积 88 平方米。

钟志柴等烈士墓

王安居烈士墓

王安居烈士墓位于安溪县官桥镇洪塘村。

王安居，安溪县官桥镇洪塘村人，1912年生。1934年6月，在龙门小学任教。1935年1月，任共青团任安南同特支书记。1935年10月5日，在家养伤时被捕送至龙门国民党第二十六旅临时旅部杀害。1979年，安溪县委、县革委会立此墓以纪念。

王安居烈士墓占地面积30平方米，保护面积40平方米。

王安居烈士墓

廖怀碧（璧）烈士墓

　　廖怀碧（璧）烈士墓位于安溪县官桥镇上苑村。

　　廖怀碧（璧）烈士，安溪县官桥镇上苑村人，1930年出生，闽粤赣边纵第八支队第四团十一连队员。1949年7月26日，在虎邱执行任务时被保二团抓捕送至官桥圩尾杀害。

　　廖怀碧（璧）烈士墓占地面积88平方米，保护面积88平方米。

廖怀碧（璧）烈士墓

安南同边区革命烈士纪念碑

安南同边区革命烈士纪念碑位于安溪县龙门镇龙门村石花山。

土地革命战争后期至解放战争时期,以龙门为中心的安南同边区党组织在上级党组织的领导下,积极活动,组建武装,开展革命斗争,先后开辟了安南同游击区,创建了闽西南白区工作基地。在解放战争时期安南同边区成为安永德大漳游击根据地的依托,为解放安溪等闽南六县作出很大贡献。为纪念1935年至1949年间在安南同边区开展革命斗争中英勇牺牲的28位烈士,1991年由省、市、县、镇拨款和老干部捐资兴建安南同革命烈士纪念碑。纪念碑碑高15米,碑座144平方米,四周雕刻有安南同边区党组织的简志以及为革命牺牲的烈士名字。

安南同边区革命烈士纪念碑于1991年建成,2008年安溪县人民政府再次拨款修建了纪念碑广场、凉亭及上山混凝土路。占地面积1375平方米,保护面积2500平方米。

187

安南同边区革命烈士纪念碑

许火玉等烈士墓

许火玉等烈士墓位于龙门镇仙地村下株溪。

许火玉烈士，龙门镇仙地村人，1909年出生。1948年12月，参加革命，后任安溪县第二区中队副队长。1950年9月4日，在大坪、双格剿匪战斗中牺牲。

许万兴烈士，龙门镇仙地村人，1928年出生。1949年，参加闽粤赣边游击纵队，任"八支四团"通讯员。1949年6月，在龙门圩执行任务时，被叛徒诱骗杀害。

许帮枝烈士，龙门镇仙地人，1926年出生。1949年3月，参加闽粤赣边游击纵队，任"八支四团"十四连战士。1949年4月6日，前往长坑执行任务，至官桥乌冬格时被县自卫队杀害。

许文斌烈士，龙门镇仙地村人，1926年出生。1949年，参加闽粤赣边游击纵队，任"八支四团"十四连战士。1949年4月，在寮山鹧鸪寨战斗中牺牲。

许三喜烈士，龙门镇仙地村人，1920年出生。1949年，参加闽粤赣边游击纵队，任"八支四团"通讯员。1949年4月，前往蓬莱执行任务至官桥乌冬格时被县自卫队杀害。

许火玉等烈士墓占地面积20平方米，保护面积30平方米。

许火玉等烈士墓

邱金龙、邱金锥烈士墓

　　邱金龙、邱金锥烈士墓位于龙门镇翠坑村。

　　邱金龙烈士，龙门镇翠坑村人，1924 年出生。1949 年参加革命，任"八支四团"十四连战士。1950 年 5 月，在西坪龙地剿匪战斗中牺牲。

　　邱金锥烈士，龙门镇翠坑村人，1930 年出生。1947 年参加革命，任"八支四团"十四连战士。1949 年 5 月，在攻打龙门警察所战斗中牺牲。

　　邱金龙、邱金锥烈士墓占地面积 60 平方米，保护面积 60 平方米。

邱金龙、邱金锥烈士墓

林师柴烈士墓

林师柴烈士墓位于安溪县龙门镇龙门村。

林师柴，安溪县龙门镇龙门村人，1906 年出生。1925 年秋考入集美师范学校，1929 年毕业。先后任教于南安高山小学和安溪长坑崇德学校，从事革命活动。1934 年，任龙门小学校长，团结校内外进步师生，秘密开展革命活动。同年 11 月，在厦门加入中国共产党，受命回龙门发展党组织，开辟安（溪）南（安）同（安）游击区，任安南同临时特别委员会宣传委员及龙门党支部书记，发动龙门地区群众办夜校，建农会、妇女会、赤卫队、互济会、儿童团等，开展抗日救亡活动。1935 年春，任中共安南同特支书记，发动群众开展"五抗"，并在红二支队的帮助下，建立群众武装，开展武装斗争。同年 9 月，在敌人重兵"围剿"时被捕，10 月 5 日在龙门圩英勇就义。

林师柴烈士墓占地面积 43 平方米，保护面积 45.5 平方米。

林师柴烈士墓

林文斧烈士墓

　　林文斧烈士墓位于安溪县龙门镇龙门村。

　　林文斧烈士，安溪县龙门镇龙门村人，1911年出生，中国工农红军闽南游击队第二支队宣传员，安南同边区农会主席。1935年10月5日，在龙门执行任务时被反动民团发觉，被捕至龙门溪州埔杀害。

　　林文斧烈士墓占地面积45.5平方米，保护面积45.5平方米。

林文斧烈士墓

曾自强烈士墓

曾自强烈士墓位于安溪县龙门镇龙山村。

曾自强烈士，安溪县龙门镇龙山村人，1921年出生，安南同边区游击大队干部，闽粤赣边纵第八支队第四团十二连队员。1949年4月6日，在前往蓬莱执行任务途中至官桥乌冬格时被土匪杀害。

曾自强烈士墓占地面积50平方米，保护面积100平方米。

曾自强烈士墓

白江波烈士墓

白江波烈士墓位于安溪县龙门镇美卿村。

白江波烈士，安溪县龙门镇美卿村人，1925年6月出生，闽粤赣边纵第八支队第四团独立十四连战士。1949年7月，在南安英都从事地下工作时被土匪发现，在战斗中牺牲。

白江波烈士墓占地面积275.5平方米，保护面积275.5平方米。

白江波烈士墓

白春辉（晖）烈士墓

　　白春辉（晖）烈士墓位于安溪县龙门镇寮山村。

　　白春辉（晖）烈士，安溪县龙门镇寮山人，1929年出生。1949年10月入伍，任安溪县长坑区中队事务员。1950年5月赴县城开会至彭格途中被匪徒杀害。

　　白春辉（晖）烈士墓占地面积40平方米，保护面积80平方米。

白春辉（晖）烈士墓

林怡坤烈士墓

林怡坤烈士墓位于安溪县龙门镇龙门村原榕口水库顶。

林怡坤烈士，安溪县龙门镇龙门人，1917年出生，安溪县第二区安同护路队队员。1950年9月5日，由同安护车至安溪经牛屎岭时，遭匪特伏击，在战斗中牺牲。

林怡坤烈士墓占地面积45.5平方米，保护面积45.5平方米。

林怡坤烈士墓

第三章
革命历史纪念场所

初心公园

初心公园位于安溪县城厢镇经兜村，为全省首个镇级党建文化主题户外公园。

初心公园分为纪念区、核心区和学"习"区等区域。纪念区主要展示新民主主义革命时期彭德清、张克辉等革命先辈在经兜村的主要活动。核心区集中展示建党以来重要的党代会、历史性会议以及新民主主义时期安溪的革命斗争史。学"习"区主要展示党的十八大以来，习近平治国理政的 100 句金句等一系列新发展理念。

初心公园占地面积 8533 平方米，保护面积 8533 平方米。

初心公园

安溪县政治生态教育馆

安溪县政治生态教育馆位于城厢镇二环路行政服务中心内。

为进一步教育和引导茶乡广大党员干部加强政治建设，打扫政治灰尘，净化政治灵魂，提高政治"三力"，根据县委的部署要求，县纪委监委、县委组织部、县委宣传部、县委史志研究室等单位，共同参与建设安溪县政治生态教育馆。教育馆运用声光电技术、沉浸式体验，集政治教育、党史教育、廉政教育、文化教育为一体，旨在大力弘扬和倡导忠诚老实、公道正派、实事求是、清正廉洁等共产党人的价值观要求，推动党员干部不忘初心、坚守正道，为政以德、正心修身，切实把正气充盈的政治文化转化为风清气正的政治生态。馆内设序厅、主厅和尾厅。其中，序厅主要为大型沙雕、壁画，突出安溪茶元素和藤铁元素。主厅设精神之"钙"、红色之"魂"、前车之"鉴"、沁人之"香"等四大板块。尾厅设置入党誓词宣誓厅和参观留言电子展示屏。

安溪县政治生态教育馆占地面积1252.99平方米，保护面积1252.99平方米。

2022年11月，安溪县政治生态教育馆被泉州市委党史和地方志研究室公布为泉州市第四批党史教育基地。

安溪县政治生态教育馆

安溪县中小学生国防教育基地

安溪县中小学生国防教育基地位于湖头镇慈山农业学校内。

2001 年，安溪县委、县政府在安溪县慈山农业学校开始筹建安溪县中小学生社会实践基地，2004 年 5 月正式挂牌运行，开设有爱国主义教育、国防教育、法治教育、交通安全教育、诚信教育、意志磨练教育、军事训练、劳动实践等实践活动。基地先后被评为福建省中小学示范性综合社会实践基地、福建省中小学研学实践教育营地，每年接受泉州、漳州、厦门、福州及安溪本地 4 万多人次的青少年学生前来参加爱国主义教育及其他实践活动。

中共安溪县委党史研究室于 2005 年 3 月开始在慈山农校内筹备建设革命传统和爱国主义教育基地，同年 9 月投入使用。2021 年初，该馆翻新重建，命名为"安溪县中小学生国防教育基地"，于 2021 年年底投入使用。馆室图文并茂，主线清晰，能使广大中小学生在回顾革命历史、了解当代国际形势中接受革命传统教育和爱国主义教育。

安溪县中小学生国防教育基地为框架结构建筑，占地面积 200 多平方米。

安溪县慈山农业学校社会实践基地被列为：福建省环境教育基地、泉州市级国防教育基地、泉州市小公民道德建设实践基地、泉州市科普教育示范基地、安溪县科技拥军基地、安溪县第一批党史教育基地、安溪县法制教育基地。

安溪县中小学生国防教育基地

感德镇党史主题公园

感德镇党史主题公园位于感德镇龙通村。

感德镇党史主题公园以中国共产党百年时间轴为主线，以中国共产党精神谱系为主题，分为1921—1949年、1949—1978年、1978—2012年、2012至今4个园区，集中展现中国共产党百年来的伟大精神和伟大成就。在公园的主道路上，以每年1块，总共100块铭牌的形式，将党和国家发生的重大事项铭刻下来，并分阶段以壁画彩绘的形式，集中展现中国共产党的光辉历程。在各个小分园，详细介绍各个历史阶段引领党员奋进事业的精神内涵。

感德镇党史主题公园建筑面积10000平方米，保护面积10000平方米。

感德镇党史主题公园

201

第三章　革命历史纪念场所

◎ 长卿镇

长卿党史馆

长卿党史馆位于长卿镇山格村。

长卿是解放战争时期中共安溪中心县委、安溪县人民民主政府和"八支四团"机关所在地，也是闽南人民报社创办地。为传承红色基因，2021年长卿镇在山格村建设长卿党史馆，主要项目有党史馆、非公党建馆、党员活动中心等，通过文字资料、历史图片、实物展出、情景再现等多种形式，形象生动地展示长卿人民在新民主主义革命时期的光辉革命历程，以及改革开放以来长卿建设"崇德长卿西翼新城"的巨大发展成就。

长卿党史馆占地面积300平方米，保护面积300平方米。2022年11月，被泉州市委党史和地方志研究室公布为第四批泉州市党史教育基地。

长卿党史馆

◎ 龙涓乡

龙涓革命传统教育基地

　　龙涓革命传统教育基地位于龙涓中心学校校园里的李氏宗祠，占地面积 600 平方米，保护面积 730 平方米。

　　2007 年，由安溪县委宣传部、党史室、关工委、教育局、文体局等单位联合，在龙涓中心学校内，划出专门场所，重新布馆，充实史料，设立革命传统教育基地，对青少年和党员干部群众进行革命传统和爱国主义教育。

龙涓革命传统教育基地

◎ 龙门镇

VR/AR党性教育基地

VR/AR 党性教育基地位于龙门镇 EC 产业园管理服务中心。

VR/AR 党性教育基地包括党性教育示范区、党性教育主题区、政治生活体验区、安溪党建成果＋风采体验、党建形象墙、"忆初心、话使命"交流区、VR 体验中心形象墙、大数据展区、自助合影区、VR 体验空间、多功能 VR 体验厅、VR/AR 内容演示区等内容，用 VR/AR 技术展示党的光辉历程、先进模范人物精神、本地红色文化，党风廉政建设等知识，让观摩学习人员进行一站式体验学习，传承革命基因，提升党性修养。

VR/AR 党性教育基地占地面积 250 平方米，保护面积 250 平方米，是安溪县"四史"学习教育实践基地。2022 年 11 月，被泉州市委党史和地方志研究室公布为第四批泉州市党史教育基地。

VR/AR党性教育基地

附 录

福建省革命遗址普查报告

中共福建省委党史研究室

为了贯彻落实《中共中央党史研究室 2006—2010 年工作规划》（中办发〔2006〕23 号）和中共中央党史研究室关于在全国开展革命遗址普查工作的通知精神，在中共福建省委、福建省人民政府的关心重视下，在各级民政部门和文化文物部门的大力支持下，中共福建省委党史研究室于 2010 年 1 月至 2011 年 3 月，精心组织各级党史部门对全省革命遗址进行了普查，圆满地完成了革命遗址普查任务。

普查工作概况

（一）基本过程

按照中共中央党史研究室 2009 年 11 月在江西南昌召开的全国革命遗址普查工作会议精神和会后下发的《关于进一步做好全国革命遗址普查工作的通知》要求，中共福建省委党史研究室高度重视，认真组织，精心实施。首先成立全省革命遗址普查领导小组，并于 2010 年 1 月 18 日下发《关于进一步做好全省革命遗址普查工作的通知》，正式启动了全省的革命遗址普查工作。在 4 月召开的全省党史研究室主任会议上，又进一步对全省革命遗址普查工作进行再动员再部署，提出了明确要求。8 月，举办了全省革命遗址普查工作培训班，邀请中共中央党史研究室和先行开展普查工作的地方党史部门有关负责同志来授课和交流经验。12 月，召开了全省革命遗址普查工作会议，传达了 11 月底在广西南宁召开的全国革命遗址普查工作会议的有关精神，并按照中共中央党史研究室的要求对下一阶段的普查工作进行了部署，尤其是对普查成果的提交和普查成果丛书的编辑出版工作提出了明确要求。2011 年 1 月至 3 月，中共福建省委党史研究室对各设区市党史部门上报的普查成果进行了汇总和审核，全省共有革命遗址 2502 处。

（二）主要方法

1.加强领导，争取支持。各级党委、政府和有关部门都对革命遗址普查工作十分关心，十分重视，给予大力支持，提供有力保障。全省革命遗址普查领导小组组长陈雄经常过问普查工作进展情况，多次在会议上强调做好普查工作的重要性，并提出了具体的指导意见。市、县（市、区）两级党史部门都及时向分管领导作了专题汇报，相继成立了由分管领导挂帅、相关部门协作参加的革命遗址普查工作领导小组；有的以党委办的名义下发了文件，有的争取到了财政经费支持，如仙游县委党史研究室争取到普查经费 15 万元，这些都为普查工作的开展奠定了良好基础。

2.搞好协作，科学实施。革命遗址普查是一项意义重要、社会影响大、牵涉面广的工作，涉及了多个相关部门，需要加强相互间的协作配合，才能把这件大事办好。2010年7月，我室与福建省文物局联合下发了《关于印发中共中央党史研究室办公厅、国家文物局办公室〈关于进一步加强合作做好普查工作的通知〉的通知》，对革命遗址的面积计算、文物保护级别的认定等进行了专门说明。市、县（市、区）两级党史部门也积极与财政、文物、旅游、民政、老区办等相关部门加强沟通联络，搞好协作，在遗址普查原始数据的获取、现场数据的测量、取证等方面互相支持、彼此印证。有的县（市、区）委党史研究室充分发挥乡干部包村的作用，依托村党支部、村委会、村老年人协会等开展普查工作，选好遗址普查"四员"，即记录员、联络员、测量（摄像）员、统计（编辑）员，普查工作得到包干落实，成效明显。

3. 突出重点，督促指导。中共福建省委党史研究室针对这次革命遗址普查工作的重点，先后编发5期简报指导开展工作，其中3期都是关于革命遗址普查业务工作中的具体说明和相关要求，既详细又具体，针对普查工作中的一些实际问题及时给予解答。还在漳州专门举办了一期全省革命遗址普查工作培训班。市、县（市、区）两级党史部门也分别结合本地的工作实际，按照工作进度，有针对性突出抓好各个时段、环节、步骤的重点工作。

4. 严格把关，保证质量。质量是普查工作的生命。在这次革命遗址普查工作中，省室领导小组反复强调要保证普查质量，确保普查数据及资料的真实性、准确性、可靠性。市、县（市、区）两级党史部门也把普查质量放在了工作首位，严格把关上报的普查成果和材料。采取以实地调查和档案核查相结合的办法，走访当事人、知情人或有关管理人员，查访相关档案材料，对照普查登记表中的要求，逐项逐条收集汇总数据，力求普查资料、信息及普查成果真实、完整和科学。在普查工作中统一建档，切实做到一处遗址一个档案，每处遗址有背景资料、有现场照片、有档案。为避免谬误和遗漏，还请知情老同志进行审稿把关，切实保证了普查质量。

5. 抓好宣传，做好引导。在普查工作中，全省各级党史部门除了精心组织、实地做好普查工作外，还十分重视利用各种媒体进行广泛宣传，普及革命遗址知识。中共福建省委党史研究室在《福建党史月刊》开辟了"红迹巡踪"栏目，在封二、封三、封底和彩色插页中刊登全省各地的革命遗址图片，通过图文并茂的形式宣传革命遗址。市、县（市、区）两级党史部门也都高度重视革命遗址的宣传工作，通过各种形式进行广泛宣传，收到了良好的社会效果。有的与电视、广播、报刊等媒体主动沟通，发动群众踊跃提供革命遗址线索和捐献有重要历史意义的革命文物；有的摄制了专题片；有的还开展了十大革命遗址的评选活动，等等。

（三）工作评估

全省革命遗址普查工作结束后，中共福建省委党史研究室对普查工作进行了评估，认为普查工作是按照规范进行，所得各种数据和资料基本准确，普查成果是可信的，初步摸清了全省革命遗址的现状和存在的问题，为今后革命遗址的保护和利用打下了一定的基础。

普查数据分析

（一）本次普查的革命遗址总量的分类统计

这次革命遗址普查，全省登记上报 2610 处遗址，革命遗址有 2502 处，其中 419 处已损毁；其他遗址 108 处。

福建省革命遗址总量分类统计表

表1-1

类　别	数目（处）	所占总数百分比
重要历史事件和重要机构旧址	966	38.61%
重要历史事件及人物活动纪念地	868	34.69%
革命领导人故居	165	6.59%
烈士墓	172	6.88%
纪念设施	331	13.23%

从以上数据可以看出，福建是党史资源大省，革命遗址数量较多。其中，重要历史事件和重要机构旧址、重要历史事件及人物活动纪念地这两类遗址合计 1834 处，占革命遗址总数的 73.3%。这是因为新民主主义革命时期，福建是著名革命老根据地。福建是中央苏区的重要组成部分，中国土地革命战争的开始地之一，中国工农红军的创建地之一，中国共产党和红军建设纲领的诞生地，毛泽东思想的发祥地之一，中国土地革命政策的创新地之一，中央红军长征出发地之一，红军游击队坚持南方三年游击战争的支撑地之一，红军游击队北上抗日的策源地之一。全省人民为中华民族的解放事业作出了重大贡献，也付出了巨大牺牲。全省为革命牺牲的老区群众达 10 多万人，死难的烈士 10 万多人。这次普查列入的烈士墓有 172 处，还有更多的无名烈士血洒战场而没有留下任何遗迹。

（二）革命遗址地域分布的分类统计

福建省革命遗址地域分布分类统计表

表1-2

所在设区市	革命遗址数目（处）	所占总数百分比
福州市	203	8.11%
厦门市	96	3.84%
莆田市	222	8.87%
三明市	411	16.43%
泉州市	366	14.63%
漳州市	173	6.91%

所在设区市	革命遗址数目（处）	所占总数百分比
南平市	267	10.67%
龙岩市	410	16.39%
宁德市	354	14.15%

从以上数据可以看出，革命遗址数较为集中的是龙岩市、三明市、泉州市、宁德市和南平市。因为在新民主主义革命时期，这些地方是党的重要活动区域，诞生了福建地方党组织，创建了闽西、闽北、闽东、闽南、闽中等革命根据地，毛泽东、周恩来、朱德、刘少奇、彭德怀、陈毅、叶剑英以及张鼎丞、邓子恢、谭震林、方志敏、黄道等老一辈无产阶级革命家都在这里从事过建党、建军的革命实践。中央苏区鼎盛时期的60多个县中有30多个在这里；中央红军长征出发地之一的长汀、宁化在这里；留在福建坚持南方三年游击战争的近万名红军和游击队战斗在这里；占新四军成立时总数近一半的红军游击队是从这里出发北上抗日的。

（三）革命遗址年代的分类统计

这次普查到的2502处革命遗址，按以下4个时期统计：

1. 抗日战争爆发以前1474处，占58.91%；

2. 抗日战争时期243处，占9.71%；

3. 解放战争时期346处，占13.83%；

4. 解放后429处（主要是新中国成立后兴建的各类纪念设施），占17.15%。

此外，年代不详的10处，占0.4%。

遗址保护、利用情况

（一）革命遗址所有权、使用情况及现状的分类统计

1. 从遗址的所有权使用单位类别来看，在普查到的2502处革命遗址中，所有权属国有的663处，占26.5%；属集体所有的816处，占32.61%；属于私有民宅的666处，占26.62%；属于其他类的357处，占14.27%。

2. 从遗址的用途来看，2502处革命遗址中开放参观的841处，办公场所62处，宗教活动225处，军事设施2处，工农业生产128处，商业用途44处，居住场所621处，教育场所484处，无人使用260处，其他用途276处，完全损毁的15处。

3. 从遗址的保存状况来看，本次普查到的2502处革命遗址中，419处已损毁，现存2083处。现状评估好或较好的有993处，占39.69%；保存状况一般的有651处，占26.02%；保存状况较差或差、损毁比较严重的有858处，占34.29%。

（二）革命遗址保护、利用级别的分类统计

1. 从保护级别上看，2502处革命遗址中，被列为国家级文物保护单位的有33处，占

1.32%；省级文物保护单位的有 89 处，占 3.56%；市级文物保护单位的有 37 处，占 1.48%；县级文物保护单位的有 389 处，占 15.55%；保护级别未定的有 1978 处，占 79.06%。

2. 从利用级别上看，革命遗址中被确定为国家爱国主义教育基地的有 14 处，占 0.56%；省级爱国主义教育基地的有 26 处，占 1.04%；市级爱国主义教育基地的有 115 处，占 4.6%；县级爱国主义教育基地的有 173 处，占 6.91%；利用级别未定的有 2201 处，占 87.97%。

近年来，我省对革命遗址的保护、开发和利用的力度在不断加强，部分革命遗址保存状况良好，有专门机构维护和管理。如古田会议会址、长汀革命旧址等具有较大影响力的革命遗址。这些革命遗址也得到了较为有效的开发和利用。但从整体来说，大多数革命遗址的保护、利用情况不够理想，还有许多工作需要加强。全省 2502 处革命遗址中，国家级文物保护单位和国家爱国主义教育基地分别为 33 处和 14 处，所占革命遗址总数百分比分别为 1.32% 和 0.56%；省级文物保护单位和省级爱国主义教育基地分别为 89 处和 26 处，所占革命遗址总数百分比分别为 3.56% 和 1.04%。2502 处革命遗址中未定保护级别和利用级别的分别有 1978 处和 2201 处，分别占革命遗址总数的 79.06% 和 87.97%。

福建省革命遗址及其他遗址统计表

福建省革命遗址统计表

表1-3   单位（个）

设区市名称	革命遗址总数	类别						保护级别（文物保护单位）					利用级别（爱国主义教育基地）				
		重要历史事件和重要机构旧址	重要历史事件及人物活动纪念地	革命领导人物故居	烈士墓	纪念设施	损毁遗址	国家级	省级	市级	县级	未定	国家级	省级	市级	县级	未定
福州市	203	98	52	10	2	41	23	1	9	6	31	160	3	3	11	15	177
厦门市	96	60	12	5	4	15	15	2	3	10	8	77	5	5	9	2	85
莆田市	222	94	90	18	7	13	100	1	4	7	20	195		4	12	5	206
三明市	411	177	165	11	30	28	88	2	22	2	71	314	1	2	7	28	374
泉州市	366	106	133	26	56	45	40		3	1	58	302		1	9	39	317
漳州市	173	82	60	8	4	19	18	3	10	7	42	120		3	11	9	150
南平市	267	150	51	9	14	43	41	3	4		38	222		1	30	16	225
龙岩市	410	191	75	54	24	66	50	19	22	2	71	298	5	5	10	27	363
宁德市	354	8	230	24	31	61	44		12	2	50	290		2	16	32	304
合计	2502	966	868	165	172	331	419	33	89	37	389	197	14	26	115	173	2201

福建省其他遗址统计表（副编）

表1-4　　　　　　　　　　　　　　　　　　　　　　　　　　　　单位（个）

设区市名称	其他遗址总数	类别						保护级别（文物保护单位）					利用级别（爱国主义教育基地）				
		重要历史事件和重要机构旧址	重要历史事件及人物活动纪念地	重要人物故居	重要人物墓地	纪念设施	损毁遗址	国家级	省级	市级	县级	未定	国级级	省级	市级	县级	未定
福州市	24	1	6	6	1	10			5		6	15	1	6	5	1	14
厦门市	13	2	5	1		5	1	1	2	1		11	1	1	1		12
莆田市	3		1	1	1				2	1							3
三明市	22	11	4	5	1	1	1		4	2	2	14	1		1		20
泉州市	7		1	1		5		1			2	4	1	2	2	2	4
漳州市	6	3	1		1	1	1		1		1	4		1	1		4
南平市	1					1						1					1
龙岩市	11	5	2	4								11					11
宁德市	9		1	4	1	3			1		1	7				1	8
合计	96	22	21	22	5	26	3	2	15	4	12	68	4	10	10	4	77

福建省其他遗址统计表（附录）

表1-5　　　　　　　　　　　　　　　　　　　　　　　　　　　　单位（个）

设区市名称	其他遗址总数	类别						保护级别（文物保护单位）					利用级别（爱国主义教育基地）				
		重要历史事件和重要机构旧址	重要历史事件及人物活动纪念地	重要人物故居	重要人物墓地	纪念设施	损毁遗址	国家级	省级	市级	县级	未定	国级级	省级	市级	县级	未定
福州市	1					1						1					1
厦门市	3	1	2						1	1		1					3
泉州市	5	3				2		1				4			1	1	4
漳州市	1		1									1					1
南平市	1		1									1					1
宁德市	1		1									1					1
合计	12	4	5			3		1	1	1		9			1	1	11

中共安溪县委办公室　安溪县人民政府办公室

关于加强革命遗址保护管理的通知

各乡镇党委、政府，县直各单位：

习近平总书记多次强调红色资源是我们党艰辛而辉煌奋斗历程的见证，是最宝贵的精神财富；红色血脉是中国共产党政治本色的集中体现，是新时代中国共产党人的精神力量源泉。革命遗址是中国革命斗争历史的缩影，是传承红色文化的重要载体，是红色资源的主要组成部分。

安溪是福建省一类革命老区县，被视同为原中央苏区县，境内革命遗址众多。为加强我县革命遗址、革命文物保护管理，依据《中华人民共和国文物保护法》《烈士褒扬条例》《革命旧址保护利用导则》等法律法规和县委县政府工作部署，按照"保护为主、抢救第一、合理利用、加强管理"的方针，现就有关事项通知如下：

一、提升站位

各乡镇、各单位要从对历史负责的高度，充分认识保护革命遗址的重要性，进一步增强责任感和紧迫感，切实做好革命遗址保护管理工作。

1. 强化思想认识。要树牢保护传承红色资源也是政绩的理念，坚决扛起红色资源保护利用的政治责任，本着尊重历史、还原历史的原则，在2021年7月全县红色资源普查的基础上，统筹保护发展，将红色资源保护利用有机融入城镇建设、乡村振兴的具体实践中，做到开发与保护并重。

2. 强化组织领导。要认真贯彻执行有关规定，结合本辖区、本单位实际，成立领导小组统一协调红色资源保护利用工作，建章立制，明确责任主体，切实有效做好革命遗址遗迹的保护管理工作。

3. 强化保护意识。要充分运用报刊、电视、网络、新媒体等多种载体，营造红色革命遗址遗迹保护良好工作氛围，增强群众自发保护意识，引导公众积极参与。

二、规范管理

革命遗址，是指见证新民主主义革命，特别是中国共产党领导人民开展革命斗争，反映革命历程和革命文化的旧址、遗迹及纪念设施。主要包括党的重要机构、重要会议旧址，重要党史人物故居、旧居、活动地，重要事件和重大战斗的旧址、遗迹，具有重要影响的革命烈士事迹发生地或墓地；新中国成立后新建的内容涉及新民主主义革命时期的各类纪念馆、展览馆等纪念设施，以及能够反映革命时期党的重要历史活动、历程、思想、文化的各类遗迹。革命遗址是不可再生的红色历史文化资源，蕴含着丰富的革命精神和厚重的历史文化内涵，应进一步做好规范管理。

1. 日常管理。县委史志研究室、县文管办、老区办、退役军人局应加强革命遗址、革命文物的普查和核定，列入革命遗址、革命文物名录的，应设置保护标识，并登记建档、妥善管理。乡镇党委政府负责本辖区内革命遗址保护、管理和利用工作，村（居）民委员会协助做好所在区域内革命遗址保护、管理和利用工作，各乡镇应明确专（兼）职人员做好日常巡查、监测、讲解等工作。

2. 修缮管理。革命遗址的保护与修缮，应当遵循不改变原状、不破坏历史风貌、最小干预的原则，不得损毁、改变主体结构及其附属设施。修缮工程方案应当根据保护级别报批，由具备相应文物保护工程资质的单位实施；已经损毁的革命遗址应当在原址或者就近设置标识。

3. 挂牌管理。革命遗址已由各级授牌立碑的（党史教育基地、爱国主义教育基地、文物保护单位等），要在合适位置悬挂布设，牌匾较多可集中标识，力求简约美观。拟新立碑、授牌，应切合实际，格调一致，经县委宣传、史志、文化等部门审核，报县委县政府同意后实施，确保严肃、庄重。

4. 动态管理。革命遗址名录实行动态管理，对新发现的具有重要历史价值、纪念意义、教育意义的革命遗址遗迹，及时列入红色资源保护名录并予以公布。

三、保护利用

各乡镇、各单位要结合党史学习教育，加强革命遗址的保护利用，弘扬红色文化，更好地服务具有茶乡特色的现代化中等城市建设。

1. 加强规划宣传。要挖掘和利用本地红色资源优势，将红色文化纳入公共文化服务体系，在编制历史文化名镇名村、风景名胜区、传统村落等专项规划时，应当体现红色资源保护传承的要求，分类分批对一些条件较好的革命遗址点进行修缮提升。强化立体宣传，讲好安溪红色故事，各类主题活动要融入红色文化，让干部群众在红色精神的熏陶下，做文明新风的传承者和践行者；以文化人，鼓励作家、艺术家采风采访，力创有安溪特色的红色主旋律作品。

2. 发展红色旅游。探索安溪红色资源与其他旅游资源有机融合、组合发展。一是与生态旅游融合，推出系列乡村旅游绿色路线；二是与"三铁"融合，在茶园、藤铁、世遗点植入红色文化，建立"三铁"文化红色旅游基地；三是与产业发展融合，立足安溪传统、新兴产业，发展红色文创产品；四是与周边县域红色景区融合，实现线路互通、资源共享、共同发展。

3. 形成工作合力。依托革命遗址创建党性教育、爱国主义教育、"四史"教育、廉政教育、国防教育、社会实践教育等基地；属地党委政府要担负起保护管理的主体责任，产权人（单位）要担负起"谁使用、谁管理、谁保养"的直接责任；组织、宣传、史志等部门要加强统筹谋划、舆情监控、研究阐释等，公安、发改、教育、财政、交通、自然资源、文旅、退役军人、党校、老区办、共青团等部门要结合各自职责，主动作为，共同把红色资源保护好、管理好、运用好。同步探索红色资源市场化运作模式，吸引社会各界共同参与，汇聚红色资源保护开发社会合力，长效发展。

四、其他事项

革命遗址中属于烈士纪念设施、不可移动文物和历史建筑、传统建筑的保护、管理和利用，相关法律、法规另有规定的，从其规定。

中共安溪县委办公室

安溪县人民政府办公室

2021年10月13日

后　记

　　安溪县历史悠久，有着光荣的革命传统。新民主主义革命时期，无数的共产党员、革命先辈和仁人志士，怀着共同的信念和追求，在中国共产党的领导下，不屈不挠、前仆后继，用鲜血和生命创造了永垂青史的光辉业绩，在安溪大地留下了大量珍贵的革命遗址遗迹。这是一份宝贵的革命历史文化遗产，也是党史教育和爱国主义教育的生动载体。

　　安溪革命遗址众多，红色资源丰富。为全面了解全县革命遗址的基本情况，准确掌握革命遗址的现存状态，2021年7月，根据县委主要领导、分管领导批示精神，县委史志研究室在2010年革命遗址普查的基础上，对全县红色资源进行全面普查，逐一甄别核实、分类梳理，完成《红色印迹——安溪县革命遗址及新建纪念设施》。

　　《红色印迹——安溪县革命遗址及新建纪念设施》一书，在内容编排上，分为"重要历史事件和重要机构旧址、重要人物活动地""烈士墓""新建纪念设施"三大部分，每部分再按照乡镇顺序排列。在遗址的命名上，按照准确、简练、规范的要求，在收录本书时，对遗址名称进行统一规范或重新命名。在遗址的介绍上，每个遗址一般都按照地理位置、历史背景、现状、保护利用级别和图片内容进行表述，努力做到观点正确、史实准确、叙述完整、语言规范。遗址的地理位置以现行政区划名称为准，其事项或人物涉及的地名以当时的历史名称为准，一般不再备注说明。在遗址的配图上，选取最能反映遗址主要特征的历史图片和现状图片1至4张，图注遗址名称，不标明来源。

　　根据上级史志部门的要求，结合安溪实际，本书收录革命遗址标准是：一是革命遗址必须是1949年10月1日前形成的，纪念设施是中华人民共和国成立后建立的，其内容需涉及新民主主义革命时期，并将现有能普查到的烈士墓全数收录；二是革命遗址必须是保存完好，具有一定重要性、代表性，已损毁的革命遗址一般不收录；三是史实依据清楚，历史背景比较完整，不存在争议，如果存在争议，本书暂不列入。

本书的编写，得到泉州市委史志研究室的关心指导，同时得到安溪县委办、县政府办、组织部、财政局和有关乡镇党委政府等的大力支持，在此对给予本书编写提供帮助和支持的单位和各级领导、同志表示感谢。

本书由安溪县委史志研究室主任谢柏坚任主编，副主任倪伏笙、许文婕任副主编，陈喜娟负责本书的编辑统筹。吴艺彤、郭月欣、汪秋惠、苏锦生、刘冬梅、许杭棋、邱煜堁、吴婉娣、苏鹏鹏、李锦腾、白彩凤、刘晓红参加了本书的编辑。

由于本书涉及的历史时间跨度大，加上编者水平有限，书中难免存在错漏的地方，敬请广大读者批评指正。

编　者

2023年6月